그래서,
해내는
능력

뭐든지 가뿐하게 해낼 수 있는 MZ세대를 위한 To Do List

그래서 해내는 능력

초판 1쇄 인쇄 2021년 2월 16일
초판 1쇄 발행 2021년 2월 21일

지은이 손동휘

발행인 백유미 조영석

발행처 (주)라온아시아
주소 서울특별시 서초구 효령로 34길 4, 프린스효령빌딩 5F

등록 2016년 7월 5일 제 2016-000141호
전화 070-7600-8230 **팩스** 070-4754-2473

값 14,000원
ISBN 979-11-92072-27-2 (03190)

뭐든지 가뿐하게
해낼 수 있는
MZ세대를 위한
To Do List

Enter

손동휘 지음

그래서, 해내는 능력

NEVER GIVE UP
LET'S MAKE IT

RAON
BOOK

프롤로그

우리는 무엇이든 해낼 수 있는 MZ세대

"잘 살고 싶고 성공하고 싶은데
무엇부터 해야 할지 모르겠어."

내 주변 또래 친구들이 나에게 자주 물어보는 질문이다. 이 질문에 답을 찾지 못한 청춘들은 최근 '현재나 즐기면서 살자'라는 마인드로 세상을 살고 있다. 또한 집, 결혼, 성공 등 인생의 중요한 부분들을 하나씩 포기하는 선택을 하고 있다. 혹은 돈이 전부라며 돈만 많이 벌고 싶어 하는 청춘, 도전을 기피하는 청춘, 중도 포기를 하는 청춘들도 많이 보인다.

가정환경과 세상 또는 놓인 상황을 탓하는 경우도 있고, 때론 도전 자체를 하지 않는 경우도 있다. 사실 흙수저와 금수저의 구별이 생겨난 지 꽤 됐고 집값이 상상 이상으로 치솟아 도전해볼 시도조차 무서워진 상황이다. 공무원이 희망 직업 1순위인 것을 보면 현대 우리 사회의 청춘들은 도전보단 안정을 추구하는 것이 현실이다.

태권도 전공자들을 보면 우리 MZ세대의 문제점이 확연히 드러난다. 태권도학과를 졸업한 내 주변 전공자들은 졸업 후 무엇을 하고 싶은지 물으면 "그냥 도장 해야지"라는 대답을 하곤 한다. "어떤 도장 할 거야?"라고 물어보면 "도장이 그냥 도장이지, 뭐"라는 단순한 대답을 한다. 태권도장을 성공시키기 위해 어떠한 노력과 차별화를 만들어내지 못한 채 그저 남들이 하는 것처럼 똑같이 준비한다. 본인이 정말 꿈꾸고 간절히 바라는 목표가 아니라, 할 줄 아는 게 태권도밖에 없으니 그냥 하는 것이다. 그러다 실패하면 코로나19와 같은 상황을 탓하며 자책한다.

이러한 문제는 비단 태권도 전공자에만 해당하는 것이 아니다. 내가 만난 사람 중 많은 청춘이 그저 물질적인 것을 쫓거나 혹은 아무런 목표와 비전 없이 하루하루를 보내고 있었다. 이 책은 이러한 청춘 개개인의 무기에 차별화를 더해줄 것이고 결국엔 해낼 수 있도록 도움을 줄 것이다.

"당신의 꿈은 무엇입니까?"

사람들을 만날 때면 난 꿈이 무엇이냐고 자주 물어본다. 최근 청춘들의 꿈 1순위는 당연 '부자'일 것이다. 내 주변에도 "돈이 최고야"라며 물질적인 목표를 꿈꾸는 사람들이 참 많다. 일찍 성공하고 싶어 하고, 좋은 차를 타고 싶어 하며, 부자를 부러워하면서 자신의 현실을 비관한다. 하지만 정작 '부'를 이루기 위해

쏟는 노력은 부족한 경우가 많다.

나는 "콩 심은 데 콩 나고 팥 심은 데 팥 난다"라는 말을 좋아한다. 모든 결과는 원인이 있기에 나타난다. 따라서 성취하기 위해선 도전을 해야만 한다. 그러나 정작 바라는 것에 비해 우리의 도전과 노력은 부족한 것이 아닌지 반성하게 된다.

내 나이 스무일곱 살, 과거의 내 인생을 되돌아보면 도전과 실패 그리고 성취로 가득했다. 중학생 때는 태권도 1등이 되기 위한 피나는 노력에도 대회 첫판에서 탈락했지만 결국 금메달을 목에 걸었고, 고등학생 때는 자퇴를 결심하고 중국으로 떠났지만 3개월 뒤 다시 한국에 돌아와 검정고시로 고등학교를 졸업했다. 성인이 된 후에는 미국과 중국 등 해외에서 활동하며 다양한 도전을 해왔다. 현재는 태권도와는 다른 스포츠인 중국 우슈(武

術)를 전공하며 베이징체육대학교에 재학 중이다. 그런 중에 피트니스에 관심이 생겨 열심히 운동하고 있으며, 온라인 사업에도 도전하고 있다.

이러한 다양한 경험과 성취 덕분에 나는 자주 '독종'이라고 불린다. 목표하고 도전하는 것들을 어떻게든 해내는 나를 보며 주변 사람들은 "나는 저렇게 못해"라는 말을 한다. 하지만 나 또한 평범한 사람이기 때문에 늘 도전할 때마다 힘들고 어렵고 포기하고 싶은 마음이 생기기 마련이다. 그럼에도 불구하고 매번 어떻게든 해내기 위해 발버둥치고 장애물들을 돌파해내어 성취해냈고, 그러한 도전과 성취를 통해 돌파하는 힘을 얻었다.

그래서 이번 집필을 통해 이와 관련된 나만의 노하우 '해내는 능력'에 관해서 이야기하고자 했다. '잘 살고 싶지만 어떻게 해야 할지 모르겠는 청춘들', '도전을 두려워하는 사람들', '도전과 목표를 끝까지 해내지 못하고 자주 포기하는 사람들' 등에게 이 책을 권하고 싶다.

MZ세대, 멈추지 않고 도전하고 성취하길!

도전을 두려워하지 말고, 핑계 대지 않고, 우리의 인생을 멋지게 살아보자고 독려하는 마음으로 이 책을 썼다. 우린 모두 아직은 부족한 청춘이지만 젊기에 어떠한 장애물이든 돌파할 수 있고 결국 해낼 수 있다. 그렇지만 무모하게 무작정 도전만 한다면 참담한 현실을 겪을 수도 있다. 결국 돌파하는 능력에도 방법이 있는 것이다. 돌파력을 키우기 위해서는 마인드를 재정비해야 하고 셀프 빌드업을 통해 전략적으로 준비해야 한다.

1장에서는 돌파할 수 있는 능력을 갖추기 위한 마인드를 소개하고 2장에서는 내가 겪은 경험을 바탕으로 그 과정에서 마주친 장애물과 어려움을 어떻게 돌파했는지 이야기한다. 3장은 셀프 빌드업을 위한 열 가지 방법이 나오며 4장에서는 안일한 울타리를 벗어나기로 마음먹은 멋진 친구들에게 조언과 격려를 하는 내용을 담았다.

이 책은 꿈과 목표가 없거나 무엇을 해야 할지 모르는 청년들, 끝까지 해내지 못하는 청춘들에게 동기부여가 되고 희망을 줄 것이라 믿는다. 이미 성공한 사람들의 뻔한 스토리보단 오히려 나처럼 꿈을 향해 달려나가고 있는 평범한 청춘의 이야기가 큰 공감이 되어 도움이 되길 소망한다. 미래는 우리가, 자기 자신이 그려가야 한다. 나 자신의 미래, 우리들의 미래, 나아가 이 세상의 미래를 우리 MZ세대가 이끌어가고 있다. 힘들고 어렵지만 할 수 있다는 생각을 가지고 개개인이 멋지게 살아간다면 분명 밝은 대한민국의 미래를 만들 수 있을 것이라 확신한다.

우리는 무엇이든 해낼 수 있는 MZ세대다!

손동휘

차 례

Naver give up
Let's make it

2장

명확한 도전을 이끌어내는 '찐스피릿'

Naver give up
Let's make it

3장

셀프 빌드업하는 열 가지 방법

Naver give up
Let's make it

4장

미래에 도전장을 내미는 우리들

Naver give up
Let's make it

1장

해내는 능력이 진짜 '스펙'이다

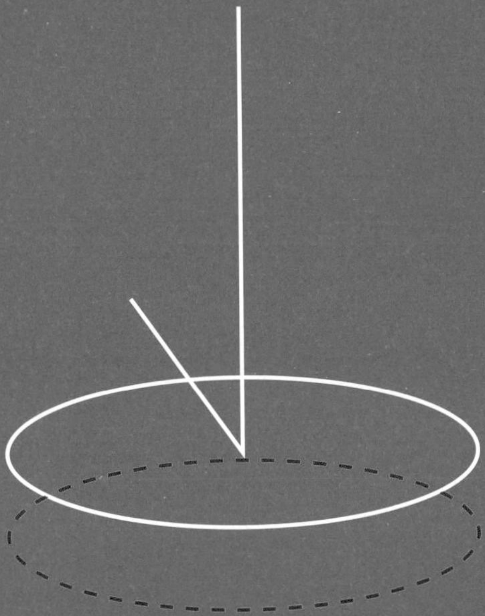

진정 돈 많은 '백수'로 살고 싶은가

456억 원이 생기면 무엇을 하시겠습니까?

2021년 하반기, 대한민국은 물론이고 전 세계를 강타한 K-드라마가 있다. 바로 넷플릭스에서 방영 중인 〈오징어 게임〉이다. 오징어 게임의 룰은 간단하다. 1등 상금인 456억 원을 위해 모인 수백 명이 목숨을 건 서바이벌 게임을 펼치는 것이다. 각자 삶의 막장에 다다른 이들은 이 게임에서 살아남아 목을 옥죄는 빚을 갚고 인생을 역전할 꿈을 꾼다. 하지만 그 과정에서 죽임을 당할 수도 있다. 신뢰와 배신이 동반하는, 어쩌면 우리의 인생과도 비슷한 내용의 드라마다.

이 드라마의 마지막 장면에서 오징어 게임 주최자가 이런 말을 한다. "돈이 하나도 없는 사람과 돈이 너무 많은 사람의 공통

점이 뭔 줄 아나? 사는 게 재미가 없다는 거야. 돈이 너무 많으면 아무리 뭘 사고 먹고 마셔도 결국 다 시시해져 버려." 나는 이 말을 듣고 돈에 대해서 다시 한번 생각해보게 되었다.

월세 35만 원과 생활비 걱정을 하며 사는 것이 현실인 나는 '만약에 돈이 정말 많다면 매 순간 재미있고 행복할 것 같은데 왜 재미가 없다고 하는 걸까?' 하는 의문이 들었다. 돈이 많았던 적이 없어서 가늠이 안 갔다. 그래서 생각해낸 방법이 하나 있다. 바로 '욕심 계산'이다. 욕심 계산은 내 욕심을 돈으로 계산해보는 것이다. 나는 도대체 내 욕심은 얼마짜리인가 계산해보기 시작했고, 결과는 참 재미있었다.

욕심 값을 계산하자 행복 값이 나왔다

나는 일단 서울에 있는 고급 아파트에 살고 싶었다. 검색해보니 약 30억 원이 필요했다. 그리고 차를 좋아하기 때문에 스포츠카 한 대, 고급 세단 한 대 그리고 가정용 밴 한 대를 사고 싶었다. 차 세 대의 비용이 약 12억 원이었다. 그리고 건물도 하나 갖고 싶었다. 건물을 100억 원이라 가정하고 월 1,000만 원씩 생활비를 쓴다는 가정을 해보니 60년간 총 72억 원이 필요했다. 이 모든 걸 다 합치면 214억 원이었다. 내 욕심을 채우려면 214억 원이 필요한 것이다.

계산을 해보기 전엔 그저 막연히 내가 원하는 것들이 이뤄지면 참 행복하겠다고 생각했지만, 막상 내가 무엇을 원하며 그것들이 총 얼마인지 정확히 계산해보니 신기한 일이 생겼다. '내가 지금 당장 214억 원인 내 욕심을 다 가지게 된다면 그 이후의 인생은 어떨까?' 하고 생각해보게 된 것이다.

처음 몇 달간은 정말 행복할 것 같았다. 좋은 차도 타고, 먹고 싶은 것도 다 먹고, 사고 싶은 것도 다 사고, 여행도 맘껏 다닐 것이다. 그런데 '그 이후에는 뭘 하지?'라는 생각이 들었다. 돈은 많은데 목표와 욕심이 사라지니 정말 오징어 게임의 주최자가 한 말처럼 다 시시해질 것 같았다. 초기에는 이제껏 누리지 못한 것들이기 때문에 행복하겠지만 금방 익숙해지고 당연해져서 지루해질 것 같았다. 그때부터 행복의 정의를 다시 생각해보았다. 돈이 곧 행복인지, 우리 삶의 종착지가 과연 돈 많은 삶인지 하는 것 말이다. 그러자 돈의 액수가 꼭 행복한 삶을 의미하는 것은 아닐 수도 있겠다고 생각하게 되었다.

그렇다면 만약 오징어 게임의 상금처럼 456억 원이 생긴다면 무엇을 해야 할까? 나는 학교를 만들고 싶다. 못 사는 지역 혹은 나라에 학교를 세워서 꿈과 희망이 없는 학생들에게 제대로 된 교육을 받게 해주고 태권도를 가르쳐주며 희망과 기회를 주고 싶다. 그렇게 하루하루 살아간다면 정말 보람차고 뿌듯할 것 같다. 여러분도 한번 생각해보는 것을 제안한다. 우선 자신의 욕심을 돈으로 계산해보고 만약 그것을 다 이룰 만큼의 돈이 생긴다면 그다음엔 무엇을 하겠는지 생각해보는 것이다. 돈 많은 백수로 살아간다고 가정해보면 지루한 인생이 어렴풋이 예상될 것이다.

원하는 건 다 가질 수 있는 무인도, 과연 행복할까?

욕심 값과 행복을 대입하고 나서는 이런 상상도 해보았다. 만약 돈에 대한 걱정과 고민이 없는 무인도가 있고, 내가 그곳에 산다고 가정해보았다. 그곳에서는 내가 원하는 것은 뭐든지 다 가질 수 있다. 좋은 차, 좋은 집, 좋은 옷, 좋은 음식 등 말이다. 그러나 단 한 가지 없는 게 있다면 '타인의 존재'다. 즉 무인도라는 조건만 유지하면 된다. 나 이외에는 아무도 없는 무인도에서 내가 다 가질 수 있다고 한들 과연 행복할까? 결과는 당연히 아니었다.

사람은 풍요를 나눌 사람을 필요로 한다. 내가 풍요로워지면 그 풍요를 함께 공유할 수 있는 사람들 말이다. 가족, 친구, 지인 등 나의 성공을 함께 즐기고 나눌 사람들이 필요한 것이다. 이때 나는 나의 목표가 오로지 돈이 아니라 돈을 '통해서' 얻을 수 있는 무언가라는 것을 느꼈다. 손쉽게 모든 것을 다 가질 수 있는 무인도가 아닌 오히려 수많은 노력과 고생 끝에 한 가지를 성취했을 때 그 성취감을 나눌 수 있도록 주변에 사람들이 있어야 더욱 행복하다는 것을 깨달았다.

내 행복의 기준은 '도전'과 '성취'라는 답이 나온 것이다. 이 도전과 성취의 결과물이 바로 성공일 것이다. 우리는 재벌 2, 3세를 보고 '성공'했다고 하지 않는다. 태어날 때부터 '부'가 타고난 것이기 때문에 운은 좋을지언정 성공한 사람이라고는 말하지 않는다. 우리가 흔히 성공한 사람이라고 부르는 인물들은 어려운 시기를 이겨내고 도전해서 성취한 사람들이다.

내가 가장 좋아하는 성공한 사람은 바로 '정주영' 회장이다. 정주영 회장은 농부의 아들로 태어났다. 하지만 농부의 인생을 살기 싫어 가출한 후 쌀 배달원을 시작했다. 그리고 사장에게 인정받아 쌀가게를 인수하고 사업을 시작해서 현대그룹을 일구어 냈다. 그 과정에는 가난이라는 역경도 있었고 시대적 어려움도 있었으며 화재와 같은 재난도 있었다. 하지만 그 모든 장애물을 모두 돌파하여 지금의 현대그룹을 만들었다.

이처럼 성공에는 항상 역경과 어려움이 따른다. 그것들을 모두 돌파해내고 성취해야 진정한 성공을 이루고, 그 성공을 쟁취한 행복도 온전히 내 것이 될 수 있다. 다시 말해, 지금은 힘들고 어렵지만 계속 도전하고 노력한다면 그것은 성공을 향해 달려 나가고 있다는 증거다.

돈 때문에 생겨난 꿈

'돈 많은 백수가 되고 싶다'라는 생각은 현실이 너무 힘들기 때문에 나온 꿈이라고 생각된다. 돈 때문에 삶이 힘들기 때문에 돈 걱정과 스트레스에서 헤어나오고 싶은 소망이 담긴 것이다. 그렇다면 돈 때문에 힘든 이유가 뭘까?

가장 큰 이유는 '과욕' 때문이라고 생각한다. 정말 생존에 필요한 돈 때문에 힘든 것이 아닌, 더 좋은 것을 얻고 싶다는 욕심에서 힘듦이 시작된다. 지금 당장 밥을 굶기 때문에 돈이 필요한 것이 아니라 고급스럽고 비싼 음식을 먹고 싶어서, 당장 몸을 누일 곳이 없어서가 아니라 누구나 살고 싶어 하는 넓고 좋은 위치의 아파트에 살고 싶어서 우리는 돈에 과욕을 부린다. 그러고 나서 스스로 할 수 있는 것보다 훨씬 큰돈을 벌어야겠다는 과한 목표를 설정하고 여기에 못 미치면 매우 낙담하곤 한다.

돈은 살아가는 데 필수이자 상당히 중요한 요소다. 그렇기에 부자를 목표로 삼는 것은 얼마든지 좋다. 하지만 돈을 벌고 난 뒤가 더 중요하다. 부자가 된 이후에 무엇을 할지 모르면 위험하다. 물질적인 것은 순간적인 만족을 준 뒤 이내 사라지므로 마음을 오래도록 채워주긴 힘들다. 돈을 벌어서 먹고 싶었던 고급스럽고 비싼 음식을 한 끼 사먹었다면 그 당시에는 행복하겠지만 배가 꺼지고 난 뒤에는 또 다른 것을 찾게 되는 것과 같다. 이 같은 심리 때문에 부자가 된 이후 명예를 돈으로 사는 사람들이 종종 보이는 것이다.

사람이 인생을 깨달을 수 있는 장소는 바로 '장례식장'이라고 한다. 부자들의 장례식장에서 사람들은 흔히 "죽으면 부자도 똑같구나"라고 말한다. 그 많은 재산도 죽으면 의미 없다는 말을 종종 한다. 돈과 물질적인 것은 삶에 필수 요소이지만 인생의 유일한 목표가 될 수 없는 이유가 여기에 있다. 부자가 되기 위해 인내하고 노력한 과정이 더욱 소중한 것이고, 성취했을 때 느끼는 행복감이야말로 진정한 행복이 아닐까.

마냥 부자를 꿈꾸지만 말고 진정으로 부자가 되기 위해서 도전하는 과정을 즐겨보자. 그 과정에서 실패하고 다시 일어나고를 반복하면서 성장하는 경험을 하자. 그리고 마침내 자신이 목표했던 부를 일구었을 때 어떤 삶을 살 것인지에 대한 생각도 해보는 것이다. 돈만 많은 부자가 아닌, 도전과 목표 그리고 성취의 행복으로 가득 찬 부자를 목표로 행동할 때 인생도, 부도 나에게 같이 올 것이라 확신한다.

핑계는 무덤에나 갖다주자

우리는 왜 '안 된다'부터 생각할까?

'N포세대'는 하나씩 포기하는 삶을 살아가는 세대를 부르는 신조어다. 처음엔 3포(연애, 결혼, 출산)에서 7포(3포 + 집, 인간관계, 꿈, 희망)까지 생겨나다가 포기해야 하는 것들이 점점 많아져 현재는 N가지를 포기하는 세대라 해서 N포세대라 불린다.

최근 서울 지역 25평 아파트 평균 매매가가 10억 원에서 15억 원이라고 한다. 월급 200만 원을 받는 직장인이 10억 원짜리 아파트를 마련하기 위해서는 한 푼도 쓰지 않고 매달 41년을 저축해야 집을 살 수 있다는 계산이 나온다. 이러한 현실 때문에 많은 것을 포기하면서 살아가는 것이 현재 우리 MZ세대의 현실이라고 볼 수 있다.

그런데 요즘 이런 '포기 유전자'가 사소한 우리 일상에도 점점 침투하고 있다는 느낌을 지울 수가 없다. 주변 친구나 동료들을 보면 결혼이나 취직, 집 같은 거창한 것들만 포기하는 것이 아니라 사소한 부분에서도 '안 된다'는 생각을 '굳게' 하는 친구들을 많이 보이기 때문이다.

"다이어트를 하고 싶은데 안 될 것 같아", "난 몸짱이 될 수 없어", "아침형 인간이 되고 싶지만 나는 잠이 많아서 안 돼", "금연을 하고 싶지만 안 될 것 같아" 등 많은 도전에 앞서 '안 된다'는 생각부터 하는 것이다. 나 또한 안 된다는 생각을 자주 하며 살았다. '지방 출신인 내가 전국대회에서 1등을 하는 것은 불가능해', '영어를 1년 만에 마스터하는 건 안 될 거 같은데', '중국어도 못하는데 어떻게 중국 아이들을 가르쳐? 불가능해' 하는 생각 말이다.

무언가를 계획하거나 시도하려 할 때 또 시도하는 와중에 어려움이 닥쳤을 때마다 된다는 생각보다는 안 된다는 생각부터 떠올렸다. 하지만 분명한 것은 '안 된다'는 생각만 하면 해결할 수 있는 것이 아무것도 없다는 것이다. 안 된다는 '생각'만으로 포기하면 이룰 수 있는 것이 아무것도 없다.

"안 되면 되게 하라"라는 특전사의 구호처럼 우리는 이제 안 된다는 생각은 잠시 접어두고 되게 만들어야 한다. 2021년 기준 대한민국 부자 순위 1위인 셀트리온 서정진 회장은 핑계에 대해서 이렇게 말한다.

"도전해보라고 말하면 많은 사람이 늦었다 그래요. 전 마흔다섯 살에 시작했어요. 또 돈 없다고 그래요. 전 5,000만 원으로 시작했어요. 그다음에 그쪽 분야에 전문가가 아니라고 그래요. 전 생명공학과 약학과 의학을 다 독학한 사람이에요. 그런데 그런 거는 전부 핑계일 뿐이에요."

마흔다섯에 도전하여 성취한 사람도 있는데 젊은 우리는 핑계를 달며 꿈을 포기할 이유가 없다.

우리에게 필요한 건 핑계보다 자기반성

우리가 흔히 안 된다는 생각을 할 때 핑계 삼는 것들은 흔히 세 가지다. 나 자신, 주변 상황(장애물) 그리고 돈(자본)이다. 나 자신에 대한 핑계는 능력, 게으름, 신체조건 등이 있고 주변 상황에 대한 핑계는 시간, 거리, 조건 등이 있으며 돈에 대한 핑계는 자본금, 빚, 생활비 등이 있다. 시작도 해보기 전에 이러한 핑계들을 나열하며 안 될 것 같다는 생각부터 하는 것이다.

하지만 우리는 이러한 핑계들을 만들어내는 것보다 자기반성부터 해야 한다. 가령, '내가 능력이 부족하네, 나는 게으르구나, 나는 시간 관리를 잘 못하는구나. 나는 돈이 부족하구나'와 같이 스스로의 문제를 먼저 알고 반성해야 한다는 뜻이다.

도전 속에 어려움과 힘듦이 있는 것은 당연한 것이다. 모든 도전은 고난과 역경이 있다. 중요한 것은 장애물들을 돌파할 수 있느냐 없느냐다. 침대 위에서 안 되는 핑계들을 만들어내며 자기 위안 삼는 것은 목표 달성에 전혀 도움이 되지 않는다. 오히려 자기성찰을 하며 무엇이 부족한지, 어떠한 상황을 극복해야 하는지 등을 파악하고 해결하려는 마음가짐을 가져야 한다. 즉, 여러 핑계를 자신의 이성적인 판단으로 이겨내는 '극기(克己)' 정신이 필요하다는 것이다.

여러 핑계와 장애물을 극복하는 방법 중 가정 먼저 해야 할 일이 바로 '인지(認知)'다. 무엇 때문에 안 될 것 같은지, 내가 무엇이 부족한지 정확하게 알아야 한다. 사람들이 핑계를 대는 이유는 '자기합리화'를 하기 위해서다. 안 되는 이유들을 만들어놓으면 위안이 되고 자책하지 않아도 되기 때문이다. 하지만 이러한 자기합리화는 그 어떠한 성과나 결과도 만들어낼 수 없다. 자기반성을 하고 스스로 문제점들을 정확히 파악하는 자기반성부터 해야 어려움과 장애물을 돌파할 수 있는 첫 걸음을 뗄 수 있다.

핑계를 역이용하는 방법

그러나 나는 삶에서 '핑계'가 반드시 나쁜 것만은 아니라고 생각한다. 왜냐하면 나는 가끔 핑계를 역이용하여 도전을 성공해내기 때문이다. 나는 도전하기 전 최대한 많은 핑곗거리와 안 될 것 같은 이유들을 만들어본다. 그다음 그것들을 해결할 수 있는 방안들을 하나씩 연구하고 모색한다. 그럼 결과적으로 안 될 것 같은 이유들만 다 해결할 수 있으면 성공할 수 있다는 확신이 선다. 만약 시간이 없다면 다음과 같이 계획이 세워지는 것이다. '시간이 없다 → 시간을 만들면 해결할 수 있다 → 시간을 만들자' 하고 말이다.

시간이 없어서 못한다면 시간만 만들어내면 해결할 수 있는 간단한 문제가 돼버린다. 돈이 없다면? 돈을 만들어내면 해결 가능하다. 얼마나 간단한가! 핑계를 만들려면 이 정도는 만들자. 핑계 이후를 계획하고 이를 없애는 방안까지 세우는 핑계의 사이클을 말이다. 이런 습관을 들이면 핑계를 만들어내 스스로를 위안하고 현재에 머물러 있는 것에서 한 발 더 나아가 계속 성장하고 발전하기 위한 도전을 찾아낼 수 있다.

그리고 그 도전은 자기 앞에 놓인 장애물을 하나씩 해결해나갈 수 있는 방법으로 이어질 것이다. 생각과 상상이 아닌 행동을 할 때다. 부모를 탓하고 사회를 탓한다고 바뀌는 것은 아무것도 없다. 행동해야 변할 수 있다. 안 되는 이유를 해결할 수 있는 방법을 찾는 것부터가 행동의 시작이다.

두려움을 벗고 행동을 장착하자

행동할 때는 두려움을 가지고 임하자. 그리고 그 두려움을 벗어버릴 행동을 이어가자. 사실 아무리 두려운 일일지라도 막상 행동하고 나면 생각보다 괜찮은 경우가 많다. 나는 군대에서 이런 경험을 참 많이 했다. 군 생활을 하다 보면 정말 못할 것 같은 일들이 많다.

'군장을 메고 어떻게 1,100m가 넘는 저 높은 산을 올라가? 난 못해.' 군장을 메고 산악 기동 훈련을 받을 때 들었던 생각이다. 하지만 군대의 특성상 명령에 따라야 했기에 결국 훈련에 참가했고 생각보다 힘들지 않았다. 시작하기 전엔 걱정과 두려움이 가득했지만 막상 시작하니 한 발씩 내딛기만 하면 되는 것이었다. 후임들이 힘들어하는 것을 보고 대신 군장을 들어주기도 했다. 막상 그 상황이 닥치면 사람은 극복할 수 있는 힘이 생겨난다는 것을 나는 그때 몸소 실감했다. 이처럼 도전하기 전, 안 될 것 같다는 생각은 대부분 과장된 걱정일 확률이 높다. 용기를 가지고 막상 행동한다면 게임에서 퀘스트를 깨듯이 장애물들을 하나씩 해결해 나아가면 된다.

"이봐, 해봤어?" 정주영 회장이 자주 사용했던 말이라고 한다. 직원들이 안 되는 이유를 설명하면 정주영 회장은 "해보기나 했어?"라고 반문했다고 한다. 해보고 안 됐으면 안 된 이유를 분석하고 보완하여 해결할 수 있지만 해보지도 않고 안 된다는 말을 하면 달라질 것이 없다는 것이다. 이렇듯 우리도 일단 해봐야 한다. 행동하는 것이 해내는 능력의 첫걸음이다. 두려워하지 말고 안 된다고 생각하지 말고 일단 해보고 판단하자.

'不怕慢, 只怕站(불파만, 지파참)' 중국의 유명한 속담이다. '느린 것을 두려워하지 말고 멈추는 것을 두려워하라'는 뜻이다. 이 말처럼 포기하지 않으면 실패란 없다. 따라서 우리는 도전하는 것을 두려워하지 말고, 포기하고 아무것도 행하지 않으며 멈추는 것을 두려워해야 한다. 도전을 하거나 주어진 임무가 있다면 안 된다고 생각만 하지 말고 안 되는 이유들을 되게끔 만들 수 있는 방법을 찾아내고 행동으로 옮겨야 돌파하고 성취해낼 수 있다.

롤러코스터는 즐겨야 빨리 멈춘다

정말 안정적인 것이 있을까?

주변 친구들에게 꿈이 무엇이냐 물어보면 '안정적인 삶' 혹은 '평범한 삶'이라 답하는 사람들이 많다. 안정적이고 평범한 삶을 꿈꾸는 사람은 흔히 평범한 직장을 다니며 평범한 가정을 꾸리고 아이를 키우며 살고 싶어 한다. 남들 사는 것과 크게 다르지 않게, 너무 뛰어나지도 너무 부족하지도 않은 평범한 삶을 꿈꾼다고 한다. 물론 안정적인 삶을 꿈꾸는 것도 존중받아야 하지만 나는 '과연 우리의 인생에 안정적인 것이 있을까?' 하고 생각하게 된다.

최근 불안정한 시대에 비교적 안정적으로 보이는 공무원이 청년들의 희망 직업 1순위다. 매달 나오는 월급과 규칙적인 출퇴근 시간 그리고 퇴직 이후의 연금이 청년들에게 매력적으로 다가오는 것이다. 하지만 공무원이 정말 안정적이라 할 수 있을까?

2021년 공무원 봉급표 기준으로 보면 9급 공무원의 월급은 1,659,500원이고 7급 공무원은 1,898,700원이라고 한다. 2021년 대도시에 사는 40대 기혼들의 평균 세후 소득은 한 달 약 470만 원이라고 한다. 이를 기준으로 할 때 공무원의 월급으로 평균 월 소득을 벌려면 5급 공무원 25호봉까지 연차를 쌓아야 한다. 물론 돈이 안정적인 삶의 유일한 기준은 아닐 것이다. 일상에서의 안정감, 여유로움 등이 기준이 될 수도 있다. 하지만 정말 우리가 원하는 안정적인 삶을 살고자 한다면 공무원이 답일까? 공무원 월급으로 서울에 집을 산다면 얼마나 걸릴까? 또한 매일 비슷한 일상을 보내며 하루하루를 그저 무난하게 넘기며 월급을 받는 삶이 과연 안정적이다 할 수 있을까? 다른 사람보다 열심히 해도 보상받지 못하는 삶이 좋은 삶이라 할 수 있을까? 그렇다면 과연 무엇이 안정적인 삶이라 할 수 있을까?

인생에서 굴곡은 필수다

나는 기본적으로 안정적인 삶이란 없다고 생각한다. 예를 들어 학생일 땐 좋은 대학만 가면 고민이 다 해결될 거라 믿었지만, 대학에 간다고 고민이 다 해결되는 것은 아니다. 좋은 직장

역시 마찬가지다. 힘겹게 취업에 성공했다 하더라도 이내 '퇴사'를 꿈꾸는 것이 현재 한국 직장인의 현실이다.

결혼 역시 마찬가지인데, 결혼하고 가정을 꾸리면 안정된 삶을 살 수 있을 것이란 기대와는 달리 결혼은 더 많은 책임감을 요구하기 때문에 우리의 삶을 더 불안하게 만들곤 한다. 이처럼 사람은 영원히 안정적일 수 없는 존재다. 하나를 해결하면 또 다른 문제가 생긴다.

만약 어떤 사람을 보며 '저 사람은 참 안정적인 인생을 산다' 혹은 '나도 저렇게 평범한 인생을 살고 싶다'라고 생각한다면 눈으로 보이는 한 부분만 보고서 그렇게 판단했을 경우가 높다. 정말 그 사람의 생활 속으로 들어가보면 수많은 걱정과 염려가 있을 것이다. 우리는 보통 건물주가 되면 안정적인 삶을 살 수 있을 것이라 생각한다. 그 사람의 겉모습만 보면 숨만 쉬어도 매달 월세가 꼬박꼬박 나오니 정말 안정적인 삶인 것 같다. 하지만 건물주도 안정적이지 않다. 항상 공실을 걱정해야 한다. 코로나19의 영향으로 부동산 시장이 요동치며 공실이 많이 생길 때 건물주들은 공실에 대한 비용을 손해 봐야 하고 재산세마저 내야 한다. 건물주가 '갓물주'라고 불리는 순간도 있겠지만 현재처럼 상황이 변하면 발 벗고 나서서 임차인을 구해야 하는 상황이 오기도 하는 것이다.

어느 누구의 인생에도 영원한 '안정'은 없다. 매번 좋은 길을 걷는 이는 없을뿐더러, 타인의 인생이 우리 눈에 그렇게 보일 뿐이다. 꽃길이 있으면 가시밭길도 있는 게 인생의 순리다.

항상 안정적일 수만은 없다는 사실을 받아들이고 나면, 도전해야 할 이유가 생긴다. 현재의 상태가 안정적이면 이후 불안정할 때를 대비하여 도전하고 발전하며 성장해야 하기 때문이다. 미리 미래의 불안정성을 대비해야 한다는 뜻이다. 만약 현재의 상태가 불안정하다면 묵묵히 자신의 일을 해나가며 언젠간 성취하겠다는 진취적인 마인드로 돌파해야 한다.

나는 장사를 처음 시작할 때 영원한 안정은 없다는 사실을 받아들이기로 했다. 만약 장사가 잘돼서 월 매출이 증가했다면, 이것이 지속될 것이라 생각하지 않고 미리 매출이 떨어졌을 때를 대비해놓는 것이다. 돈을 더 번다고 해서 소비 지출을 늘리지 않고 오히려 발전을 위해 투자를 한다. 현재의 안정적인 상태가 영원할 것이라고 착각하면 절대 안 된다.

우리는 아직 젊은 청춘이기에 훗날 어떻게 될지는 아무도 모른다. 현재 남들보다 더 잘나간다고 해서 으쓱하지 말고 현재 남들보다 부족하다고 해서 우울해할 필요가 없다. 이 기쁨이, 이 슬픔이 영원하지 않을 것이라고 생각하는 것이다. 기쁜 일이 생길 때면 안 좋은 일이 생길 때를 대비하여 자만하지 말고 더욱 열심히 해야 한다. 반면에 슬픈 일이 생길 때면 언젠간 좋은 순간이 올 것이라 믿고 현재를 이겨내기 위해 노력해야 한다.

중요한 건 어차피 인생은 굴곡이 있기 마련이라 그 굴곡 속에서 행복을 찾는 것이라고 생각한다. 행복한 삶은 안정된 삶, 모든 일이 술술 풀리는 삶이 아니라, 불행과 함께 공존할 줄 아는 삶이다. 행운이 있으면 불행도 있다는 사실을 알고, 일이 잘 풀리면 잘 풀리는 대로 즐기고, 안 풀리면 불행을 받아들이고 불행마저 즐기는 삶을 사는 것이다.

가파른 길은 보통 지름길일 확률이 높다

인생은 롤러코스터다. 올라갈 때도, 내려갈 때도 있으며 때로는 천천히 앞으로 전진하다가 때로는 감당하기 힘든 속도로 내달리기도 한다. 이처럼 우리는 좋은 순간, 안 좋은 순간이 공존하는 삶을 산다. 언제나 좋을 수만은 없고 평생 불행하란 법도 없다. 만약 현재 너무 힘들고 자신의 상황이 매우 불행하게 느껴진다면 나는 오히려 불행을 받아들이고 행동하라고 말하고 싶다.

보통 등산을 하다 보면 정상으로 가는 길이 두 가지 방향이 있다. 한 가지는 완만한 코스이고 또 다른 길은 가파른 경사가 있는 코스이다. 이때 보통 가파른 경사가 있는 코스가 최단 거리인 경우가 대부분이다. 힘든 만큼 빨리 정상의 기쁨을 누릴 수 있는 것이다.

나는 현재의 삶이 힘들면 힘들수록 이런 생각을 한다. '도대체 얼마나 잘되려고 이렇게 힘든 거지?' 불행과 슬픔을 온전히 받아들이고 긍정적으로 생각하는 것이다. 내가 힘든 만큼 더욱 큰 행운이 나에게 다가온다고 믿는 것이다. 자신의 상황이 힘들고 불행하다고 남 탓하고 자책하며 포기하면 아무것도 달라지는 것이 없다. 반대로 내가 지금 불행한 만큼 더욱 큰 행운이 다가올 것이라 생각하고 현재의 불행을 돌파하려고 행동해야 한다.

불행과 불안정한 생활은 도전할 때 생긴다. 우리가 도전하는 그 순간 불안정이 동반된다는 뜻이다. 예를 들어, 한 달에 200~300만 원 받는 월급을 포기하고 무모한 도전을 시작한다면 불안정한 생활이 시작될 것이다. 주변으로부터 안 될 것이란 부정적인 이야기를 들을 것이고, 당장 생활비도 부족할 수 있다. 하지만 이러한 불안정을 돌파하지 못하면 우린 목표를 이룰 수 없다. 오히려 지금의 이 힘듦이 성취를 위한 과정 중 하나라 생각하고 현재 가파른 길로 정상에 오른다고 생각해보자.

"No Pain, No Gain"이란 말이 있다. 고통이 없으면 얻는 것이 없다. 지금의 고통이 있기에 미래에 성취가 있다고 믿고 도전해야 한다. 열심히 하면 그만큼 보상이 있는 가파른 길로 도전해보자. 어차피 인생은 평생 안정적일 수 없다는 사실을 받아들이고 우리의 젊은 시절의 가파른 길과 고통을 즐기며 도전하고 성취하고 발전하는 청춘을 보내야 한다.

문제를 찾아야 해답을 얻는다

하나라도 '해내보면' 그것이 스펙이다

살면서 무슨 일이든 '해내본 적' 있는가? '해내본 적'이란 쉬운 일을 해냈다는 것이 아닌 모두가 불가능하다고 생각한 일이거나 나 자신도 못할 것 같다고 생각한 일을 결국엔 해낸 것을 의미한다. 나는 우리 2030에게 필요한 능력이 바로 이 '해내는 능력'이라고 생각한다. 어릴 적부터 부모님께서 정해놓은 길을 따라 공부하고, 대학을 가고, 취업 준비를 하며 사는 청춘들이 많다. 물론 이렇게 사는 것이 어떻게 보면 자연스러울 수 있다. 하지만 정작 어려운 미션을 해내본 적 없는 사람들은 어려움이 닥치면 돌파해보려는 마음보단 회피하려는 마음이 쉽게 생긴다. 또한 어렵고 리스크가 있어 보이는 일은 피하려 한다.

모두가 비슷한 스펙을 가지고 있고 비슷한 조건에 있는 현대 사회에서는 '외국어 능력', '봉사활동', '자격증' 등 눈에 보이는 것들보다 오히려 어려운 일을 해내본 경험이 진정한 스펙이 될 수 있다. 누구나 할 수 있는 쉬운 일들이 아닌 여러 악조건과 어려움 속에서 자신만의 방법으로 해결하여 결국 돌파해낸 경험이야말로 기업에서 환영하는 스펙이 될 수 있다는 뜻이다. 그렇다면 지금부터라도 모두가 안 될 것 같다는 일들을 도전해보는 패기 있는 마인드를 장착하고 해내봐야 한다. 단 한 가지 일이라도 자신이 어려움을 극복하고 노력과 지혜로 돌파해본 경험이 있다면 이 시대에 필요한 인재가 될 수 있을 것이다.

해내고 싶다면 일단 '해봐야' 한다

어느 날 택시를 타고 가는데 기사님이 내 몸을 보시더니 "어떻게 하면 그렇게 몸이 좋아져요?"라고 물으셨다. 내가 "꾸준하게 열심히 운동하면 좋아집니다"라고 가볍게 대답했더니 기사님께서는 예전에 운동하기로 다짐하고 헬스장에 가서 열심히 운동했더니 다음 날 온몸이 아파서 운동을 못하겠더라고 하셨다. 그러다 결국 회복이 될 때쯤엔 운동 가는 것이 귀찮아졌고 아직까지 운동을 안 하고 있다고 하셨다.

보통 다이어트를 다짐하는 사람들도 이와 비슷하다. 다이어트 첫날에는 타이트한 식단으로 하루를 보내지만, 며칠 뒤 친구들과의 술자리가 생기고 먹고 싶은 것들이 생겨나면서 다이어트는 다음에 해야겠다고 다짐하기 마련이다. 이런 경우 자신이 목표했던 바를 해내지 못했다고 볼 수 있다. 운동을 꾸준히 해서 몸짱이 되겠다는 목표, 다이어트를 하겠다는 목표를 해내지 못했다. 그렇다면 과연 어떻게 하면 해내는 능력을 가질 수 있을까?

무슨 일을 하든지 해낼 수 있는 첫 번째 방법은 우선 해보는 것이다. 해내는 능력은 해보면서 생기기 때문이다. 해보지 않고서는 절대 해낼 수 없다. 모든 일은 머리가 아닌 몸으로 해낸다. 우선 내가 무엇을 해내야 하는지 정확한 목표를 설정하고 계획을 세워야 한다. 설령 준비가 덜 됐더라도 문제가 무엇인지 찾는 것이 해답을 얻는 첫걸음이기 때문에 일단 해봐야 한다. 몸으로 부딪쳐봐야 무엇이 부족한지, 어떤 것이 문제점인지 파악할 수 있다. 상상만으로 정확한 문제점이 무엇인지 파악하기엔 한계가 있다. 따라서 지금 현재 본인이 하고 싶은 일이 있거나 해내야만 하는 일이 있다면 생각만 하면서 하루하루 계획을 세우지 말고 우선 사소한 것부터라도 시작하는 것을 권한다.

해내는 능력에는 순서가 있다

사실 무언가를 해내는 방법에는 순서가 있다. 도전은 항상 처음부터 성공할 수만은 없는 법이다. 따라서 모든 도전과 미션에 다음의 순서를 접목시켜 돌파하면 언젠간 반드시 해낼 수 있을 것이다.

| 해내는 능력의 순서 |

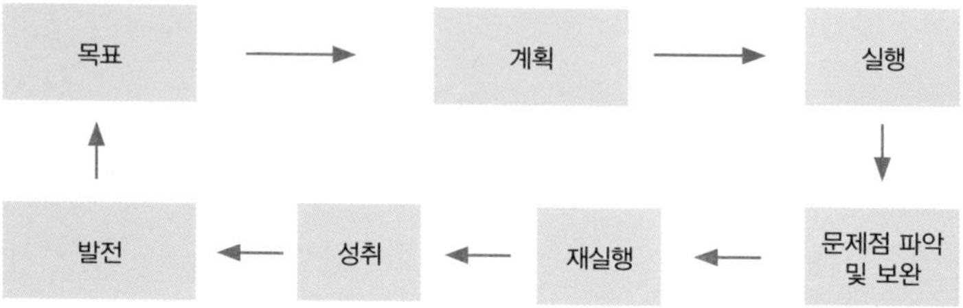

보통 사람들은 '실행' 단계까지는 많이 해본다. 다시 말하면 실행 단계에서 중도 포기하는 경우가 대부분이다. 예를 들면 운동을 시작하겠다는 목표를 설정하고 헬스장에 가서 주 몇 회 운동한다는 계획을 세웠다. 그다음 헬스장에 가서 운동을 열심히 하는 '실행' 단계까지 진행했다. 하지만 다음 날 근육통으로 인해 며칠 쉬다가 중도 포기를 하게 된다. 사실 해내는 능력은 실행 단계 이후가 가장 중요하다. 실행을 하고서 처음부터 성공할 수 있는 확률은 매우 적다. 따라서 실행을 하고 어려움을 맞닥뜨리면 심적으로 힘들어하는 것이 아니라 냉정하게 정확한 문제점을 찾아야 하고 그것을 보완할 방안을 생각해내야 한다.

다음 날 근육통으로 인해 운동을 못 했다면 '근육통'이 문제라는 것을 파악한 후 근육통을 줄일 수 있는 방법을 알아보고 다음

부턴 근육통이 생기지 않을 정도로 운동하며 점차 운동 강도를 늘려 가는 식으로 보완해야 한다. 그 이후 재실행을 해보고 또다시 문제점이 생기면 그 문제점을 보완하여 다시 도전해야 한다. 한마디로 '될 때까지 한다'라는 마인드로 계속해서 도전하는 것이다. 그렇게 결국 성취해낸다면 더욱 발전하기 위해 더 높은 목표를 재설정하고 도전하게 될 것이다. 나는 중국에서 태권도로 성공하고 싶어 하는 후배들에게 항상 "일단 중국에 가서 1년만 살아봐라"고 조언한다. 우선 중국 생활을 해봐야 문제점들을 파악할 수 있다. 그 문제점들은 언어, 돈 또는 그 나라의 법 등이 될 수 있다. 여기서 눈에 띄는 점은 대부분 1년을 못 채운다는 사실이다. 운동만 했던 선수들에겐 언어를 배우는 것이 힘들고 한국보단 환경이 안 좋은 중국 생활을 못하겠다는 이유다. 자신이 왜 중국어를 못하는지, 잘하려면 어떻게 해야 하는지, 중국 생활에 어떻게 하면 잘 적응할 수 있는지 문제점들을 파악하고 보완해서 재도전하는 사람은 정말 드물다. 우리는 결국 해내려면 항상 문제점을 찾고 보완해서 재도전해야 한다. 결국 해내는 방법의 기본은 실행과 수정 및 보완의 연속인 것이다.

안 된다는 생각만 없애면 무엇이든 다 해낼 수 있다

사실 모든 일은 중간에 포기하지만 않으면 무조건 해낼 수 있다. 해내지 못하는 이유는 바로 중간에 포기해버리기 때문이다. 포기하면 마음은 편하지만 결과적으로 본다면 다시 처음부터 시작해야 한다는 뜻이다. 나는 미국 생활을 할 때 정신적·육체적으로 정말 힘들어서 중간에 포기하고 싶었다. 1년만 버티고 한국으로 귀국하겠다는 목표를 포기하고 싶을 정도로 참 힘들었다. 하지만 내가 포기하고 한국으로 돌아간다면 그 순간 몸과 마음은 편하겠지만 이내 후회할 것 같았다. 아무것도 이루지 못했고 다시 무언가 시작하려면 처음부터 다시 해야 됐기 때문이다.

이처럼 '포기'는 한순간 힘듦과 어려움에서 해방되는 느낌을 주지만 결국에는 모든 것이 '리셋'되어버리는 선택이다. 포기하기 전, 다시 한 번 생각해봐야 한다. 지금 당장 너무 힘들어서 뇌에서 '계속해도 못할 것이다'라고 생각되는 건 아닌지, 이 모든 것들을 포기하고 다시 처음으로 돌아가면 무엇이 바뀌는지 생각해봐야 한다. 계속 포기하고 싶어진다면 일단 휴식을 취하라고 권하고 싶다. 휴식을 취하며 문제점을 찾고 재실행하기 전 에너지를 충전해보자. 결국 중도 포기하지 않고 해낼 수 있을 것이다.

결국엔 해내는 사람이 되자

나는 무시당하는 것을 굉장히 싫어해서 결국 해내는 습관이 생겼다. "에이, 동휘는 못하네"라는 말이 싫었고, "이것 좀 할 수 있겠나?"라는 말에 "못 하겠습니다"라고 대답하기 싫어한다. 이런 성격 때문에 스트레스 받을 때도 있지만 이런 성격 덕분에 무엇이라도 해내려고 노력하고 결국 해내게 되었다. 그 누구도 생각하지 못한, 지방 출신이 태권도에서 1등이 되는 일을 해냈고, 영어를 하나도 모르던 내가 1년 만에 통역이 가능한 수준까지 실력을 키웠다. 또 '니하오'밖에 모르던 내가 1년 만에 중국에서 장학금을 받으며 대학교를 다니고 있고, 장사를 해본 적 없던 내가 온라인에서 돈을 벌고 있다. 그리고 글을 써본 적 없던 내가 현재 책을 쓰는 작가가 되었다. 이러한 과정 속에서 정말 많은 어려움과 장애물들이 있었지만 포기하지 않고 묵묵히 해야 할 것들을 하니 결국에는 해낼 수 있었다.

앞에선 응원하는 척해도 뒤에선 안 될 것이라 비난하던 경우도 있었는데 나는 할 수 있다고 믿고 묵묵히 하나씩 해내다 보니 최근에는 "동휘는 뭐라도 해낼 수 있을 거 같아"라는 소리를 듣기도 한다. 앞으로도 나는 내 미션들을 하나씩 해나갈 것이고 결국엔 해낼 수 있다고 믿는다. 여러분들도 끝까지 도전하고 또 도전해서 결국엔 해내는 사람이 되길 바란다. 중간에 포기하면 아무것도 얻을 수 없다. 다시 처음으로 리셋되는 것이다. 힘들더라도 꿋꿋이 자신의 할 일을 해나가며 도전하고 성취하고 또 더욱 발전하는 그러한 마인드가 미래를 성공으로 이끌 수 있는 기본적인 스펙이다.

2장

명확한 도전을 이끌어내는 '찐스피럿'

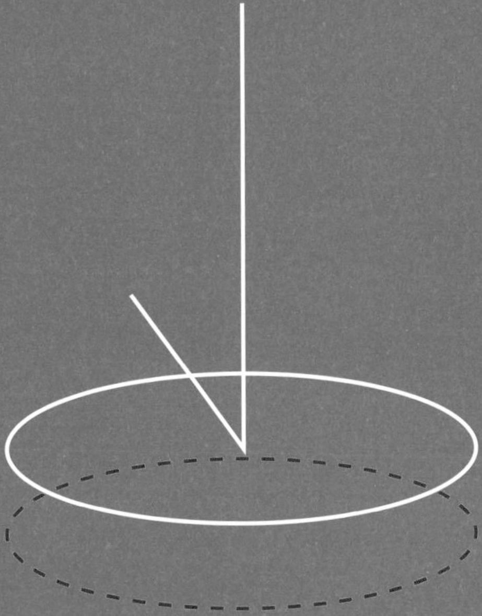

초등학교 6학년, 혼자 KTX에 올라탔다

너희 꿈이 건물주라고?

언젠가 신문 기사에서 청소년들의 장래희망 순위 중 가장 인기 많은 세 가지 직업이 공무원, 유튜버, 건물주라는 글을 읽은 적 있다. 나와 나이 차이도 많이 나지 않는데 정말 격세지감(隔世之感)이란 말이 와닿았다. 사범으로서 아이들을 가르칠 때도 아이들이 몇 년 사이에 꽤 변했다는 걸 자주 느낀다.

가장 큰 변화는 스스로 결정해서 행동하는 아이들이 줄어들었다는 점이다. 그저 엄마 손에 이끌려 와서 태권도장에 발을 들이는 아이들도 많아졌고, 도장에 와서 스마트폰만 열심히 보는 아이들도 늘어났다. 특히 본인들의 의지가 아닌 부모님이 강제로 보내 태권도를 시작하는 아이들은 단기간에 수련을 그만두는 경우가 많다.

또 다른 변화는 아이들이 자기 얘기가 아닌 자기 환경을 가지고 과시하고 으스대는 일이 많아졌다는 점이다. 어린아이들이라 그렇다고 생각하려 해도, 친구들에게 "우리 아빠는 의사야", "우리 엄마 변호사야", "우리 집은 ○○아파트 살아" 하면서 자랑 아닌 자랑을 하는 일이 잦았다. 이런 변화는 아이들 꿈이 건물주라는 이야기와 맞물리면서 많은 생각을 하게 해주었다.

물론 태권도에 심취해서 열심히 욕심을 내는 아이들도 여전히 있다. 그런 아이들은 내게 "사범님, 저는 빨리 검은띠 따고 싶어요!", "검은띠 유단자 되면 싸움 잘해요?" 하면서 진지하게 물어보는 아이들도 있으니까 말이다. 그런 아이들을 보면 내 어릴 적 생각이 나 혼자 뿌듯해하곤 한다.

인정받는 게 가장 좋았다

나 또한 어린 시절 욕심이 굉장히 많은 아이였다. 당시 나의 욕심은 성취와 인정받는 것에 온통 집중되어 있었다. 그래서 초등학교 1학년부터 6학년까지 반장을 빼놓지 않았고 고학년이 되어서는 전교 부회장 등 할 수 있는 학교 안의 권력의 자리에는 모두 도전했다. 무엇을 하든 1등을 놓치지 않으려 했고, 어느 모임이나 집단에 가든 리더의 역할은 빼먹지 않고 다 했다.

공부 또한 인정받고 싶어서 전교 10등 밖으로 밀려나면 큰일 나는 줄 알았다. 공부를 좋아해서 한 것도 아니었다. 여느 아이들처럼 공부를 정말 싫어했지만 인정과 성취 욕구 때문에 밀려나고 싶지 않아서 시험 2주 전부터 벼락치기 공부를 했다. 1등과 인정받는 것에 대한 욕심이 많아서 어떻게 해서든 성취를 하려고 노력했다. 욕심 많은 '욕심 부자', 그것이 내 어린 시절의 모습이었다.

나더러 송판이나 잡으라니

내가 태권도를 제대로 시작하게 된 이유도 어찌 보면 욕심 때문이었다. 일곱 살 때 동네 태권도장에서 배우기 시작했는데 내 또래들이 다 그랬듯 운동 겸 놀이로 배웠다. 우리 도장에서는 실력 좋은 친구들을 따로 선발해 '시범단'이라는 이름으로 각종 공연과 대회를 나가는 단원들이 있었는데, 나에겐 그 아이들이 연예인과 같은 동경의 대상이었다. 화려한 발차기와 공중에 붕붕 날아다니는 모습이 정말 멋있었다.

초등학교 5학년 때 '나도 저렇게 멋있는 시범단이 되고 싶다'는 생각이 들었다. 시범단 오디션에 합격하기 위해 플러스 점수를 받고 싶어 사범님께 일부러 열심히 하는 모습을 보이기도 할 정도였다. 선발 오디션이 있던 날, 사실 실력으로 보면 떨어져야 했지만 그동안 열심히 준비해온 모습을 보셨던 사범님께서 특별히 턱걸이로 합격시켜주셨다. 나도 드디어 멋있는 시범단원의 일부가 된 것이다. 정말 기분이 좋았고 열심히 해야겠다는 생각을 하는 것도 잠시, 첫 연습 날 모든 것이 바뀌었다. 또래 친구들은 실력이 비상하여 각자 하나씩 담당하는 파트를 배정받고 있었는데 나는 첫 연습이었기에 주변을 서성이면서 내 이름을 불러주실 때까지 기다렸다.

"손동휘"라고 사범님이 불러주신 순간, '드디어 내 역할이 생기는 건가?' 하고 좋아했지만 돌아오는 대답은 "동휘는 송판 잡자"였다. 매 학년 반장을 하고 공부도 1등을 했던, 그렇게 인정받기를 좋아하던 욕심 부자가 주인공이 아닌 역할을 맡은 것은 너무 자존심 상하는 일이었다. 기분이 나빴다는 것이 아니라 큰 충격이었다는 뜻이다. 그리고 이 큰 충격은 인정받길 좋아하는 나에게 태권도에 대한 정확한 목표를 만들어주었다.

'나는 태권도에서 1등이 된다!'

대구 촌 어린이, 주말마다 혼자 서울로

그렇게 정확한 목표가 생긴 난 대구 도장에서 정말 열심히 했다. 매일 도장에 나가서 눈물을 흘리며 다리를 찢었고 근력을 기르기 위해 항상 모래주머니를 다리에 차고 생활했다. 그렇게 1년간의 노력 끝에 나는 드디어 시범단에서 인정받는 단원이 되었다. 동네에는 내 이름이 적힌 현수막이 달렸고 어디를 가도 나는 인정받는 시범단원이었다.

하지만 만족하지 못했다. 인터넷 동영상 속의 전국대회 1등 선수들을 보면 나 자신은 한없이 부족했기 때문이다. 내 목표는 시범단에서 1등이 아닌, 태권도에서 1등을 해보겠다는 것이었으니 아직 목말라 있었다. 그때 당시만 해도 대구에서 전국 1등이 나온 적은 한 번도 없었기 때문에 나에게 대구는 좁게 느껴졌다. 얼른 서울로 올라가서 전문적으로 배우고 싶었다.

그해 겨울 방학, 혼자서 인터넷 검색을 해보고 가장 잘 배울 수 있을 것 같은 도장 카페에 가입한 뒤 무작정 쪽지를 보내고 연락한 뒤 찾아갔다. 초등학교 6학년 혼자 동대구역에 가서 KTX 어린이 표를 끊고 첫 상경을 한 것이다.

훗날 나를 받아준 서울 태권도장의 사범님의 이야기를 들어보니, 평소와 다름없던 어느 날 한 까무잡잡한 꼬맹이가 조그마한 가방을 하나 들고 나타났다고 한다. 경상도 사투리를 쓰며 “안녕하십니꺼, 대구에서 온 손동휘입니데이”라며 자신을 소개했다고 한다. 보통의 학생들은 부모들이 먼저 서울의 유명한 도장을 알아본 후 엄마 손에 끌려오게 되는데 나는 스스로 알아보고 스스로 찾아와서 운동을 시작하게 되어 더욱 강하게 인상에 남았다고 한다. 지금 생각해보면 부모님께 참 감사할 따름이다.

열세 살짜리가 태권도 1등을 하겠다고 주말마다 혼자 서울에 올라간다는 것을 허락해주셨으니 말이다.

침낭 속 도장 바닥은 딱딱하기만 했다

중학교에 올라가면서 나는 서울에서 전문적으로 태권도를 배우기 시작했다. 이른바 '엘리트 체육'을 배우는 시기였다. 그때 나는 오로지 태권도만 생각하고 태권도만 꿈꿨다. 당시는 격주로 토요일 수업을 하는 학사 일정이 운영되었는데, 놀토(노는 토요일)가 있는 날에는 전날 금요일에 학교를 마치자마자 바로 도복 하나만 챙겨서 서울로 올라갔다. 학교 가는 토요일은 학교종이 땡 치자마자 바로 미리 준비해온 도복을 가지고 교복을 입은 채로 서울로 갔다. 잠은 도장 매트 위에 침낭 하나 깔고 잤고, 밥은 도장에서 직접 해먹었다.

서울에서 훈련이 없는 평일에는 매일 대구 도장에 가서 훈련을 했는데 옆차기를 더 강하게 차기 위해 발에 5kg짜리 덤벨을 달아놓고 30분 동안 눈물을 빼며 버티기를 참은 적도 여러 번이었다. 방학 기간에는 합숙 훈련으로 몇 주 동안 서울 도장에서 살면서 운동했다. 힘들지 않았다면 거짓말이다. 친구들이 주말에 놀자고 하면 나도 같이 놀고 싶어 서울에 가지 말까 고민했고, 때로는 선배들의 기합이 무서워 도망가고 싶은 날도 있었다.

매일 밤 도장 바닥에 침낭을 깔고 잠을 청할 때면 따듯하고 편한 우리 집이 그리웠다.

그중에서도 나를 가장 힘들게 했던 일은 따로 있었다. 정말 열심히 했지만 다른 선수들의 실력에는 한참 못 미치는 나 자신을 볼 때였다. 그때만큼은 울음을 참을 수 없었다. 힘들고 딱딱한 잠자리, 혼자 끼니를 해먹어야 하는 불편함, 가끔씩 밀려오는 집 생각에도 나를 버틸 수 있게 한 것은 '반드시 1등을 한다'는 목표, 그 하나였다.

첫판 탈락, 나는 1등을 해야 되는데!

그렇게 1년간의 서울 생활을 하고 드디어 중학교 2학년 때 첫 전국대회에 출전했다. 그동안 나름 열심히 준비한 나는 대진표를 보며 우리 학년 중 가장 잘하는 선수와 결승에서 만날 생각만 하고 있었다. 예선전은 내 머릿속에 없었다.

시합장에 도착하여 다른 선수들이 연습하는 것을 보니 많이 긴장됐다. 나보다 월등히 잘해 보이는 선수들의 동작, 왠지 미끄러운 감촉의 매트 등 모든 것이 낯선 긴장이었다. 선수대기실에서 만난 내 옆의 첫판 상대는 나의 경쟁자가 아니었다. 실력도 조금 부족한 것 같고 내가 더 잘한다고 확신하고 있었다. 나는 오로지 결승에서 만날 우리 학년 1등만 주시하며 금메달을 목에 걸 생각만으로 가득한 채 시합에 출전했다.

하지만 결과는 첫판 탈락. 첫판에는 당연히 이길 줄 알았지만 긴장한 탓인지 내가 어떻게 했는지 기억도 나질 않았다. 너무나 허무했다. 그동안 정말 열심히 했던 훈련들이 생각나면서 자존심도 너무 상해 화장실에서 몰래 눈물을 흘렸다. 나는 품새 선수였는데 품새는 심판이 주관적으로 평가하여 점수가 나오는 종목이다. 그래서 시합에서 지면 심판 탓을 종종 하는데 나 또한 그때 심판 원망을 많이 했다. 또 너무 긴장한 탓에 실력을 100% 보여주지 못한 것도 참 후회스러웠다. 하지만 원망하고 후회한다고 바뀌는 것은 없었다. '내가 정말 월등히 상대방을 압도한 실력이었다면 설사 심판의 비리가 있더라도 이길 수 있었을 것이다. 내가 부족했다. '다음 대회에서는 무조건 압도적인 실력을 보여준다'라고 다짐했다.

다음 대회까지 약 1~2개월이 남아 있던 시점, 나는 첫판 탈락의 쓴맛을 보고 더욱더 열심히 훈련에 임했다. 잠시 휴식을 취할 때도 '내가 쉴 때 경쟁자는 연습하고 있다'라는 생각을 했고, 매일 밤 늦은 시각까지 오로지 훈련에 집중했다. 그 덕분인지 다음 대회인 '한국체육대학교총장배'에서는 3등을 할 수 있었다. 대구 선수 중 전국대회에서 입상하는 선수가 거의 없었기 때문에 대구 도장에서는 3등을 한 것만으로도 난리가 났지만 나는 안주하지 않았다. 내 목표는 1등이었기 때문에 아직 부족했다. 그렇게 다음 대회는 무조건 1등을 하겠다는 목표를 세웠고 드디어 두 달 뒤 문화체육관광부 전국대회에서 그토록 원하던 금메달을 목에 걸게 되었다.

마지막 결승전에서 나는 '청'이었는데 청색 깃발이 올라가는 순간 '드디어 1등이다'라는 생각과 함께 눈물이 왈칵 났다. 정말 행복했다. 시상할 때 "1위 손동휘"라고 호명되는 순간 세상을 다 가진 느낌이었다. 첫판 탈락의 경험이 3월이었는데 두 달이 지난 5월, 드디어 태권도에서 1등을 했다.

간절한 목표는 성취를 불러온다

그 후 대구에 가니 나는 유명인사가 되어 있었다. 대구 출신 선수가 전국대회에서 1등을 하니 태권도 심판과 교수들도 나를 알아봐주었다. '송판 잡던 손동휘'가 드디어 인정을 받는 태권도 1등이 되었기에 정말 행복했다.

태권도장에서 송판을 잡는다는 의미는 동료의 발차기를 위해 도움을 준다는 의미보다는 실력이 떨어지는 선수가 잡는다는 의미가 더 강한 게 사실이었다. 아무리 태권도가 홍익인간(弘益人間) 정신에 바탕을 두고 있다 해도 스포츠는 우열을 가리는 경기임이 분명하기에, 송판을 잡는 본인은 자존심이 상할 수밖에 없다. 게다가 '욕심'이 과도하게 많은 내게 송판 손동휘는 있을 수 없는, 인정하기 싫은 현실이었다.

나의 인정 욕구는 태권도 1등이라는 간절하고 명확한 목표로 매진하게 만들었고, 그래서 딱딱하고 차가운 서울 도장의 바닥도, 주말마다 혼자 낯선 서울로 가는 KTX 기차도 견딜 수 있었다.

이후에 나는 많은 대회에서 입상을 하고 금메달을 목에 걸었지만 이때의 금메달만큼 나를 기쁘게 한 상은 없었다. 그 이유는 스스로 세운 계획에 따라 실행하고 노력했고 결국 목표를 이룰 수 있었기 때문이다. 중학교 2학년, 태권도에서 이룬 이 작은 성취는 이후 내 인생의 가치관을 형성하는 데 밑바탕이 되어주었고 내가 어려울 때마다 나를 다잡아준 원동력이 되어주었다.

고등학교를 중퇴하다

고2, 학교를 그만두었다

중요한 선택을 하기 전 본인의 선택이 실패로 돌아올까 봐 두려워하는 사람들이 많다. 예를 들어 자신의 무모한 도전에 대한 실패의 두려움을 느껴 반대로 비교적 안전해 보이는 길을 가는 경우처럼 말이다.

나는 새로운 친구를 만나면 늘 꿈이 무엇이냐고 물어보았다. 그러면 사람들마다 각자의 비전과 꿈을 이야기해준다. 하지만 그 꿈을 위해 달려가고 있냐고 물으면 현실적인 사유로 인해 본인이 희망하지 않는 일을 하고 있는 경우가 많았다. 본인의 도전이 무모해 보이고 위험해 보이기 때문에 그리고 만약 실패한다면 그 이후를 책임질 수 없을 것 같아서 꿈에 도전하지 않는 사람들이 여전히 많은 것 같다. 그리고 이러한 마인드는 2030세대에서 "대충 살자"라는 말이 나올 정도로 퍼져 있다. 하지만 나는 우리가 목표를 명확하게 정하고 그 목표를 이루기 위한 계획들을 철저히 세워 실행한다면 성취해낼 수 있다고 생각한다.

나 또한 두려움으로 가득 찬 선택을 내린 적이 있다. 첫 금메달을 딴 이후로 나는 시합에서 좋은 성적을 내며 선수로서 인정을 받고 있었다. 고등학교 2학년, 국가대표 선발전에서 입상을 한 뒤 실력과 성적이 좋았던 나에게 좋은 기회가 찾아왔는데 바로 중국에서 중국 학생들에게 태권도를 가르쳐주면 고등학교부터 대학교까지 갈 수 있도록 도와준다는 것이었다. 하지만 중국에 가려면 한국 학교를 자퇴해야만 했기에 두려운 마음이 생겼다. 한국에서는 자퇴생의 이미지가 좋지 않기에 앞으로 내 미래에 좋지 않은 영향을 끼칠 것만 같았다. 게다가 또래 친구들이 학교에서 공부할 때 나는 혼자서 외국 생활을 해야 했기에 외로움에 대한 두려움도 컸다. 하지만 나는 이미 한국에서 국가대표 선발전에서 입상을 했기 때문에 더이상 선수로서의 목표는 없는 상태였다.

한국에서 계속 학교를 다니며 선수 생활을 하면 국가대표도 될 수 있고 선수로서 화려한 스펙을 쌓을 수 있다는 안정적인 현실과 해외에서 폭넓은 경험을 하고 태권도를 선진화시키겠다는 무모한 도전 사이에서 선택의 기로에 서 있었던 것이다.

태권도 발전은 해외로 태권도를 많이 보급하고 알리는 것을 의미하고 나아가 태권도를 선진화 스포츠로 만드는 것이라는 점을 알고 있었기 때문에 나 스스로 실력 좋은 선수가 되는 것보다 태권도를 많이 알리고 싶다는 생각이 강했다. 그렇기 때문에 해외에서 태권도의 현실을 알아야 했고, 인맥을 쌓아야 했으며, 외국어 실력을 길러야 했다. 실력 좋은 선수보다 꿈을 향해 도전하는 용감한 태권도인이 되기로 했다. 즉 명확한 목표가 생겼던 것이다.

그렇게 판단한 순간 바로 "저 학교 자퇴하겠습니다"라고 했다. 중요한 선택을 하기 전 나의 선택이 실패로 돌아올까 봐 두려워할 수도 있었지만 나는 전혀 그렇지 않았다. 실패에 대한 두려움보다는 앞으로 펼쳐질 중국에서의 미래가 나를 사로잡았다. 그렇게 두려움보단 설렘의 마음으로 자퇴를 결심했다.

박수 받는 자퇴 이야기

나는 그 후 바로 부모님을 설득시키기 위해 노력했다. 아들의 자퇴를 선뜻 허락해주실 리 없다는 것을 알았기에 앞으로 중국을 가서 무엇을 할지 그 이후 대학 진학과 장래에 대해서 브리핑을 했다. 태권도 보급과 발전이 단기간에 가장 빨리 이루어진 나라가 바로 중국이었고 앞으로 중국이란 나라의 영향력이 커질 것이니 내가 한발 빠르게 중국에서의 입지와 인맥을 만들어놓으면 남들이 따라오지 못할 차별화가 될 것이고, 중국에서 대학교 지원까지 해주니 졸업도 할 수 있고 그 이후의 진로에도 좋을 것이라 설명 드렸다. 또한 숙식비나 학비까지도 지원을 받을 것이니 말 그대로 자수성가하기에 좋은 기회라 설명 드렸다. 나의 의지가 상당히 강했기 때문에 부모님도 큰 반대를 하시지 않고 허락해주셨다.

그다음 관문은 선생님들의 동의였다. 학교 교무실에 들어가 담임 선생님께 조용히 말씀 드렸다. "선생님, 혹시 면담 가능할까요?" 평소 밝은 성격에 선생님들과 장난도 주고받던 내가 진지한 말투로 선생님께 면담 신청을 하니 적잖이 당황해하셨다. 면담을 하며 나는 선생님께 자퇴 후 중국 생활에 대한 이야기를 드렸지만 담임 선생님께서는 그래도 한 번 더 생각해보라 하셨다. 선생님께서는 추후 자퇴라는 좋지 않은 이미지의 영향을 걱정하셨던 것 같지만, 그것은 힘들어서 그만두는 학생들에게 해당하는 사항이고, 나에겐 명확한 사유가 있었기 때문에 과감히 자퇴를 선언할 수 있었다. "저는 중국 가야겠습니다. 선생님!"

교감 선생님의 허락도 필요했는데 내 비전을 들으시더니 타 학생들과 다른 생각을 가지고 있다고 하시며 차별화적인 생각과 실행은 분명 앞으로 살아가면서 강한 경쟁력이 될 것이라고 나의 중국행을 응원해주셨다. 추후 들은 이야기인데 타 학교 교장 선생님 귀에 내 이야기가 들어가서 훈화 시간 때 내 이야기를 하며 칭찬을 하셨다고 한다.

자퇴하기 전, 두려움이 없었다면 거짓말이다. 자퇴하게 되면 나는 더이상 학생이 아니었고 친구들이 학교라는 울타리 안에서 성장할 때 나는 사회로 나가서 부딪쳐야 했다. 심지어 한국도 아닌 중국이란 나라에 가서 살아야 했다. 하지만 많은 분들의 응원 덕분에 나는 격려와 박수를 마음에 품고 중국으로 가는 비행기를 탈 수 있었다.

목표와 맞지 않으면 발 빠르게 대처하라

그렇게 중국에 도착했더니 내 기대와는 다르게 3개월 내내 중국 전역을 다니며 시범만 보였다. 나를 초청해주신 사범님이 계셨는데 그분이 주된 포커스였고 나는 그저 시범을 잠깐 보여주는, 한국에서 온 선수였다.

내 목표는 분명 '해외 태권도 인맥을 형성한다', '중국 태권도인들에게 인정받는다', '중국어를 마스터한다' 하는 세 가지였는데 막상 가보니 바라던 목표를 이룰 수 없는 상황인 것이었다. 내가 인정받고 태권도 인맥을 형성할 수 있는 것이 아니라 그저 실력 좋은 선수로서 시범 보여주는 역할을 하는 정도였다. 심지어 그때 당시에는 광대가 된 것 같은 기분도 들었다.

또한 금전적인 부분들에 대한 오해로 모든 생활비와 학비를 내가 지출해야 하는 상황이었고 그때 당시 중국의 환경은 어린 학생이 견디기엔 버거울 정도로 좋지 않았다. 냄새도 많이 나고 음식 또한 나에게 맞지 않았다.

3개월간 중국 전역을 돌아다녔는데 기차를 타고 약 19시간 동안 이동한 적도 있었다. 약 10시간을 서 있었고 나머지 시간은 딱딱한 의자에 앉아서 이동했다. 그때 기차 안에서 많은 생각에 잠겼다. 내가 한국에서 생각한 중국의 생활은 이런 것이 아니었고 이렇게 고생하며 노력을 해도 내 목표와는 다른 방향으로 갈 것 같았다. 발 빠르게 판단해야 할 시점이었던 것이다. 하지만 한국에 돌아간다면 나는 학생도 아닌 중졸 자퇴생이었고 내 계획을 끝까지 해내지 못했다는 비판도 받을 것이다. 그렇다고 중국에 계속 남아 있을 수는 없었다. 나는 내 목표에 맞지 않게 사는 것은 도저히 견딜 수 없었다. 그렇게 새로운 목표를 만들기 위해 나는 3개월간의 중국 생활을 뒤로 하고서 다시 한국으로 귀국하였다.

내가 이때의 경험으로 느낀 점이 하나 있다. 바로 '상상과 다르게 현실은 항상 변수가 생긴다'였다. 모두가 행동을 취하기 전 상상에 빠져 있다. 현실이 아닌 그저 남들에게 들은 이야기로 자신의 선택을 내리는 경우가 많다. 하지만 막상 행동을 취하고 난 후 현실을 맞닥뜨렸을 때는 상상과 많이 다르다는 것을 느낀다.

이럴 때 자신의 선택을 무르기엔 두려움이 생겨 발 빠르게 판단하지 못하고 질질 끌려다니기 쉽다.

이와 비슷한 주변 이야기가 하나 있다. 최근 한 지인이 좋은 기회가 생겼다고 나에게 고민 상담을 했다. 아는 사람이 부동산업을 하는데 그쪽에서 입사 제의를 받았고 평균 월급이 500만 원이 넘고 계약을 잘 하면 1,000만 원이 넘는 돈을 벌 수 있다고 입사를 준비 중이라고 했다. 한 달이 지난 시점에 그 동생에게 연락이 왔다. 막상 일을 해보니 기본급도 없고 부동산 정책 상황 때문에 계약이 어려워 퇴사를 고민한다고 한다.

그때 나는 내가 중국에서 한 경험들이 떠올랐다. 한국으로 귀국할 때 '항상 상상과 현실은 다르다'라고 느꼈기 때문이다. 중국에 가기 전 내가 상상했던 것과 현실은 정반대였고 많은 불만사항이 생겼다. 이때 이후로 나는 항상 도전과 실행을 하기 전의 변수를 생각해보고 약간은 비판적으로 생각해보기도 한다.

내 꿈은 '미국'에 있었다

돌아온 한국, 새로운 목표는?

한국에 막 돌아온 그때의 상황은 한편으론 참담했다. 친구들이 등교할 때 나는 그 모습을 지켜보아야만 했고 다른 선수들이 고등부 대회를 참가할 때 나는 참가하지 못했다. 고등학교 재학 중이어야 대회 참가가 가능했는데 나는 자퇴를 했기 때문에 출전하지 못했던 것이다. 어떻게 보면 공중에 붕 뜬 상황이었다.

약 일주일 동안 처음부터 다시 생각해보았다. 내 꿈이 무엇이고, 그 꿈을 이루기 위해선 어떠한 목표를 설정해야 될까 고민하고 조사하였다. 미래를 생각해보니 방향이 나왔다. 태권도계에서 리더들은 대부분 태권도 실력이 좋은 사람이라기보단 재력과 권력이 있는 사람들이 대부분이라는 것을 고려했다. 그것이 현실이었다. 나 또한 태권도 실력만으로 리더가 될 수 없다는 것을 알았기에 두 가지 방향을 생각했다. 첫 번째는 재력이 있는 부자가 되는 것이고 두 번째는 태권도에서 인정받는 사람이 되는 것이었다. 부자가 되기 위해서는 사업을 해야 한다고 생각했고 태권도의 1등이 되기 위해선 태권도학과에 진학해야 한다고 판단했다. 그렇게 생각하니 두 가지 방향의 교집합이 생겼다. 바로 '대학교 진학'이었다. 어린 마음에 사업을 하려면 경영학과에 가서 공부를 해야 한다 생각했고, 아버지께서 안경 사업을 하고 계셔서 나 또한 안경 사업을 해보려 안경광학과도 후보에 있었다.

그렇게 새로운 목표가 생겼다. '경영학과, 태권도학과, 안경광학과' 이 세 가지 학과에 다 합격하겠다는 것이었다. 검정고시 성적이 곧 내신 성적으로 인정이 되었기에 합격을 위해선 고득점이 필요한 상황이었다. 그렇게 6개월 동안 매일 도서관에서 살다시피 공부한 결과 좋은 성적으로 검정고시 합격을 할 수 있었고 최종적으로 내가 원하던 학과를 모두 합격할 수 있게 되었다.

"니 진짜 꿈이 안경이가?"

모든 학과를 합격한 후 아버지와 대화를 나누었다. 안경광학과에 합격했다는 소식을 알려드렸고 내 목표를 위해 사업을 하고 싶다는 말씀도 드렸다. 나는 당연히 아버지가 사업을 물려받길 원하실 거라고 생각했지만, 돌아온 대답은 달랐다. 딱딱한 경상도 사투리로 아버지는 역으로 나에게 물어보셨다. "니 진짜 꿈이 안경이가?" 이 말을 들은 순간 이전까지의 모든 생각이 바뀌었다. 내 꿈은 안경 사업가도 아니고, 태권도학과에 진학하여 운동만 하는 운동기계도 아니었으며, 경영학과에 가서 경영을 공부로 배우는 것도 아니었다. 진짜 내 꿈은 태권도 발전을 위해 살 수 있는 태권도인이었다.

나는 다시금 시간을 가지고 곰곰이 생각해보았다. 진짜 꿈을 위해 내가 해야 될 것이 무엇일까? 대학교를 진학하는 것인가? 대학에 입학하면 오로지 시합 성적만을 위해서만 살아야 할 텐데, 그것이 내 꿈인가? 절대 아니었다. 고민 끝에 중국에 가기 전 내 목표와 꿈이 다시 떠올랐다. 태권도의 발전이란 곧 국제화 시대에 걸맞은 선진화된 교육과 훈련 시스템, 체계적인 협회 운영, 더 나아가 해외 태권도 보급이었는데 아직 태권도협회는 이런 부분에서 미진한 점이 있었던 것이다. 그래서 나는 해외의 선진화된 협회 시스템을 배우고 와서 우리나라 태권도협회에 적용하고 싶은 포부가 생겼다.

당시 해외에서 태권도가 가장 많이 발전하고 선진화된 나라는 미국이었기에 미국을 가기로 결심했고 무조건 미국에서 가장 영향력 있는 1등 밑에 들어가서 배우기로 다짐했다. 중국에서 배운 교훈이 있었기에 나의 상상과는 다른 현실을 맞을 대비도 충분히 했다. 조사를 해보고 수소문을 한 결과 미국의 수도인 워싱턴 D.C.에 있는 도장에서 일을 하고 숙식 제공을 받으며 학교까지 지원받을 수 있는 좋은 기회를 찾았다. 현지에 계시는 대사범님께서도 미국에서 큰 존경을 받는, 배울 점이 많으신 분이셨다. 그렇게 내가 갈 곳과 이루어야 할 것들을 정하고서 미국을 가기 위한 준비가 시작되었다. 그리고 나는 미국을 가기 전 딱 세 가지 목표를 정했다. 첫 번째는 '영어를 마스터한다'였고, 두 번째는 '미국 태권도인들과의 인맥을 형성한다'였으며, 세 번째는 '한국으로 돌아올 때 박수 받으며 돌아온다'였다.

때로는 스스로를 절벽 끝으로 내몰아라

미국행을 준비할 때 많이 들은 이야기는 "일단 한국에서 대학교 간 다음에 휴학 신청해도 되잖아?"였다. 혹시 중국처럼 상황이 바뀌어 중간에 귀국할 수도 있으니 우선 돌아와서 다닐 수 있는 대학에 진학하고서 미국을 가는 것이 어떻겠냐는 말이었다. 한마디로 일종의 '보험'을 들라는 얘기였다.

난 오히려 스스로를 절벽 끝으로 내몰아야 한다고 생각했다. 혹시라도 중간에 포기하고 돌아갈 보험이 있으면 미국에서 최선을 다해 버티고 이겨낼 수 없을 것 같았기 때문이다. 열심히 노력해서 합격한 대학교들이 아깝지 않냐고 말하는 사람들도 많았는데 솔직히 말하면 아깝긴 했다. 정말 열심히 준비해서 합격을 했기에 입학을 하고 싶다는 생각도 들었지만 과감히 다 포기했다.

최근 '금수저, 흙수저' 이야기가 많이 나온다. 흙수저들은 자신들의 가난을 원망하고 금수저들의 부유함을 부러워한다. 하지만 실제로 자수성가한 사람들을 보면 흙수저 출신들이 많다. 그 이유가 뭘까? 흔히 말하는 금수저들은 성장하면서 절박함이 생기기 어렵다. 원하는 것을 큰 노력 없이 쉽게 얻을 수 있는 환경은 생존력과 돌파력을 키울 수 없게 만든다. 위기가 찾아왔을 때 돌파하지 못하고 무너지기 쉽다. 하지만 흙수저들은 절박함이 있기에 다르다. 실패하면 그대로 끝이기에 어떠한 위기가 찾아와도 버틸 수 있는 힘이 생기고 돌파할 수 있는 지혜가 생길 것이다. 오히려 스타트라인에서 조금 부족한 것이 더욱 나를 성장시킬 수 있는 것이다.

미국에 갈 때 나의 마인드도 똑같았다. 내가 만약 중간에 포기하고 돌아갈 곳이 있으면 나의 열정을 100% 발휘할 수 없을 것이라 생각했다. 아무것도 내세울 것 없고 돌아갈 곳 없는 절벽 끝으로 스스로 밀어붙여서 100% 노력을 이끌어내기 위해 보험을 만들지 않고 맨몸으로 미국으로 갔다. 어찌 보면 무모한 선택이었을 수도 있지만, 때로는 고의적으로 절박한 상황을 만드는 것이 열정을 불러일으키기도 한다.

그렇게 내 주변 친구들 그리고 함께 시합을 뛰었던 경쟁자들이 대학교 OT도 가고 재미있는 술자리도 한창 많은 1월, 나는 그 추운 겨울 미국으로 향하는 비행기에 올라탔다. 그 친구들이 무척 부러웠지만 1년 뒤의 내 모습을 기대하며 약 14시간을 날아갔다.

돌파하지 못할 상황이란 없다

미국에 왔는데 영어를 배울 수 없다고?

미국 도장에서 사범으로 아이들을 가르치며 내가 얻을 수 있는 것은 바로 랭귀지 스쿨 진학과 숙식 제공이었다. 학생은 월급을 받으며 일을 할 수 없기 때문에 월급을 받는 것이 불가능하였고, 그렇기에 공부를 할 수 있는 학교와 먹고 자는 숙식을 도장에서 해결해주는 조건이었다. 하지만 예상했던 것처럼 현실은 상상과 달랐다. 항상 힘든 변수와 장애물이 생기기 마련이었다.

학교까지 통학을 하려면 1시간 정도 걸렸는데 지내던 숙소에서 지하철역까지 자동차로 약 20분, 학교까지 지하철로 약 50분 정도 걸렸다. 통학 시간이 총 1시간 10분 정도였기 때문에 지각하지 않으려면 7시에는 출발을 해야 했다.

하지만 미국 생활을 한 지 약 5개월이 됐을 무렵 엄청난 장애물이 나타났다. 미국 태권도장에는 학생들이 방학 기간에 오전부터 도장에 와서 함께 운동도 하고 캠프를 하는 일명 '서머캠프' 기간이란 것이 있었는데 그때 대사범님께서 학교에 등교하지 말고 체육관에서 사범 일만 하라고 한 것이다. 내 목표 중 가장 중요한 것은 영어였기에 절대 받아들일 수 없었다.

그런데 문제가 있었다. 서머캠프 기간 동안 지하철역까지 데려다줄 수 없다고 하신 것이다. 사실 사범 일만 하길 원하는 마음에 일부러 차량 지원을 해줄 수 없다고 한 걸 알았지만 나로서는 달리 방법이 없었다.

매일 밤, 매일 아침 코피는 필수

무조건 학교 가서 공부하고 싶었지만 지하철역까지 가는 대중교통이 없었기에 혼자서 학교까지 등교하기란 거의 불가능에 가까웠다. '이렇게 영어를 못 배우게 되는 건가?' 하며 걱정하던 어느 날, 내 머릿속에서 기가 막힌 아이디어가 떠올랐다. '그래, 바로 자전거다!' 데려다줄 수 없다면 나 스스로 가면 되었다. 거기에 생각이 미치자 기쁘기만 했다. 당장 사범님께 달려가 자전거를 타고 혼자서 학교까지 통학할 테니 허락해달라고 부탁드렸다. 사범님은 며칠간 대답이 없으시더니 이내 손을 꼭 잡으시며 "허허,

녀석"이라 해주셨다. 어쩔 수 없이 허락해주신 것 같았다.

처음 자전거를 타기 전에는 열정으로 가득 차 있어서 무엇이든 다 할 수 있을 것 같았지만 자전거 통학을 시작한 첫날부터 나는 후회가 막심했다. 숙소에서 지하철역까지 가는 길은 산길이었다. 새벽에 자전거를 타고 가다 보면 산짐승들을 자주 마주쳤을 정도다. 쉬지 않고 전력질주로 페달을 밟아도 산을 넘는 데 50분이나 걸리는 거리라 적어도 매일 5시 30분에 일어나 6시에는 출발해야 했다. 그렇게 산길을 산악자전거 타듯 달려 지하철역에 도착하면 온몸이 땀에 젖어 물이 뚝뚝 떨어졌다. 매번 지하철 화장실에서 세면대 물로 몸과 얼굴을 닦고 새 옷으로 갈아입은 뒤 열차에 탔다. 열차에 타고서도 나와의 싸움은 계속됐다. 너무 피곤해서 잠들고 싶은 마음이 굴뚝같았지만 빨리 영어를 잘하고 싶어서 단어를 외우고 뉴스를 읽었다. 학교 등하교 시간이 아니면, 달리 영어 공부할 짬을 내기 힘들기도 했고 또 내게는 일분일초가 소중했기 때문이다.

비가 오는 날 또한 나 자신과 싸워야 했다. 우비를 쓰고 자전거를 타면 온몸이 젖고 습기가 빠져나가지 않는다. 비가 오니 밖은 추운데 속은 더운 이상한 느낌이었다. 정말 울고 싶을 정도로 힘들어 가기 싫은 마음이 솟구쳤다. 자전거와의 싸움은 여기서 끝나지 않았다. 학교를 마치고 도장으로 출근하는 길도 역시 자전거로 50분이었다. 그렇게 왕복 4시간의 통학이 끝나고 도장

일이 끝나면 9시 반, 저녁을 먹으면 10시가 넘었고 학교 숙제와 개인 공부를 끝내면 새벽 1시 정도였다.

매일 아침과 밤에는 코피를 안 흘린 날이 없을 정도로 힘들었다. 아침에 일어나면 코끼리가 밟고 지나간 듯한 뻐근함과 피로감이 온몸에 느껴졌을 정도였다. 그때마다 전부 포기하고 싶은 마음이 컸지만 자기 합리화와의 싸움에서 지기 싫어 아침마다 항상 "나는 바보다, 나는 바보다, 나는 바보다" 세 번 외치고 자전거 페달을 밟았다.

젊음이란 무기를 사용해

내가 주변 친구들에게 자주 듣는 장애물들은 '돈, 시간'이다. "돈이 없어서 안 돼", "시간이 없어서 안 돼"라는 이야기를 많이 듣는다. 나이 많은 부자들은 자신의 전 재산을 주고서라도 젊음을 사고 싶다는 이야기를 많이 하는데 도대체 젊음이란 어떤 강점이 있기에 그토록 원하는 걸까? 내 생각엔 바로 자기 자신을 돌파할 수 있는 것이 젊음의 무기다. 우리는 아직 젊기 때문에 조금 덜 자도 건강하고 조금 덜 먹어도 버틸 수 있다.

돈이 장애물이라면 자고 노는 것을 절약해 돌파할 수 있을 것이다. 그래도 괜찮은 것이 젊음이다. 시간이 문제라면 다양한 돌파 방법이 존재할 것이다. 극기의 정신으로 본인이 자는 시간을 줄여 시간을 만들어내는 돌파 방법, 혹은 타인의 시간을 함께 공유하는 돌파 방법 등이 있을 것이다.

가장 중요한 것은 자기 내면에 있는 주변 상황에 대한 핑계를 극복하는 것이다. 자신을 극복할 수 있다면 이 세상에 돌파하지 못할 장애물은 없다. 내가 자전거를 타야 하던 순간에는 두 가지 다 장애물이었다. 학비와 숙식비를 위해선 사범 일을 해야만 했으니 사범 일은 포기하지 못한다는 돈이라는 장애물이 있었고, 통학하기 위해선 자동차로 지하철역까지 가야 하는데, 그럴 수 없다는 시간이라는 장애물이 있었다. 하지만 여기서 멈춘다면 죽도 밥도 안 된다는 생각뿐이었다. 고등학교를 중퇴하고 날아간 중국에서 3개월 만에 돌아왔고, 대학 진학 대신 미국으로 날아와 내 미래 시간을 투자했는데 여기서 포기라니, 있을 수 없는 일이었다.

당시 내 나이 스무 살, 못할 일이 없다고 생각했다. 여태 사범들은 서머캠프 기간에 학교를 다니지 못했지만 나는 스스로 잠을 줄여 시간을 만들고 자전거를 구하여 상황을 극복할 수 있었기 때문에 자기합리화와 안 된다는 생각만 극복한다면 무엇이든 돌파할 수 있다고 생각했다. 여행 다니며 좋은 추억을 만드는 것도 청춘의 좋은 일부분이지만 부자들이 전 재산을 내놓을 만큼 간절히 바라는 젊음을 가진 청춘이 아니던가. 매일 아침 코피를 한 바가지 흘려도, 내 피는 충분했다! 난 불과 스무 살이니까!

1년 만에 '영알못'에서 통역사 되다

장애물이자 두려움이었던 영어

1년 만에 내가 영어를 할 수 있게 됐을 때, 많은 사람들이 미국에 가기 전부터 영어를 어느 정도 잘했을 것이라고 생각했다. 하지만 미국에 도착했을 때 나는 알파벳과 간단한 단어 정도만 아는 수준이었다. 워싱턴 덜레스 국제공항(Washington Dulles International Airport) 도착해서 픽업 나오신 사범님과 레스토랑에 갔는데 웨이터가 다가와서 뭐라 이야기를 했지만 하나도 이해하지 못했다.

당연히 엄청 어려운 말을 한 줄 알았는데 알고 보니 고기 굽기를 물어본 것이었다. 'Medium', 'Rare'라는 쉬운 영어도 몰랐던 내가 초창기에 할 수 있는 말은 'Sorry?'나 'Pardon Me?'뿐이었다. 누구에게나 그렇듯 나에게도 영어는 큰 장애물이었고 두려움이었다.

당장 영어로 수업을 해야 한다

그렇게 ABC만 겨우 알던 나였기에 당분간 영어도 공부하고 수업 준비도 할 시간이 있을 줄 알았는데 곧바로 실전에 투입된다는 것이었다. 커리큘럼을 배우는 것부터 가르치는 것까지 모든 것이 영어로 진행됐는데 꾸역꾸역 이해해보려 신경 쓰니 하루 종일 머리가 지끈지끈 아팠다.

기초 영어도 잘 모르는 수준에서 발차기나 서기, 지르기 등 태권도의 전문 용어까지 배워야 했기에 어려움이 많았다. 하지만 연습이 아니라 실전에서 아이들을 가르쳐야 하는 '사범'이라는 책임감 때문에 매일 수첩에 단어를 적어가면서 외웠고 잘 모르는 표현은 당당하게 "I Don't Understand"라고 말해서 추가 설명을 들었다.

그러다 보니 자주 듣는 단어나 문장은 익숙해지기도 했지만 당연히 상대방이 하는 말을 100% 다 이해하지 못했다. 많이 이해해봤자 40% 정도만 이해하고 나머지는 정확한 뜻을 몰랐다. 하지만 보디랭귀지라는 것이 있었고 몸짓 손짓 다 써가면서 사람들과 소통하기 시작했다. 예를 들어 앞차기가 영어로 무엇인지 모를 때 그냥 앞차기를 보여주면서 'This One'이라고 하면 소통이 가능했던 것이다.

그러자 새로운 변화가 생겼는데 바로 자신감이었다. 처음 미국에 도착했을 때는 영어라는 것이 두렵고 어려운 존재였지만 막상 보디랭귀지를 활용하여 의사소통을 하니까 영어에 대한 자신감이 생긴 것이다.

영어? 그거 공부 아니야

한국인들은 '영어'에 대해 두 가지 감정을 느끼는 듯하다. 첫 번째는 두려워한다. 두 번째는 동경한다. 두려워하는 마음은 본인이 영어를 못하기 때문에 혹은 어렵다는 생각 때문에 생기는 것 같다. 동경하는 마음은 영어를 잘하는 사람을 보면 멋있어 보이고 지적으로 보이기 때문에 생기는 듯하다. 나는 과감하게 말할 수 있다. 외국어는 절대 두려운 존재도, 동경의 대상도 아니다. 단지 소통의 수단일 뿐이다.

나 또한 미국에 처음 도착했을 때는 주변의 영어를 잘하는 친구들을 보면 굉장히 멋있어 보였고 나는 못할 것만 같았다. 하지만 실력이 점점 늘면 늘수록 드는 생각은 '아, 영어는 공부하는 것이 아니라 그저 부딪쳐보고 습득하는 것이구나'였다.

처음 학교를 등교했을 때 나는 학교에서 'Elementary Class',

즉 완전 초급반이었다. 그중 도미니카공화국에서 온 친구가 있었는데 영어를 정말 잘하는 것처럼 느껴졌다. 나는 한마디 내뱉는 것도 버벅거리는데 그 친구는 유창하게 말을 했다. 하지만 초급반을 졸업하고 어느 정도 영어 실력이 늘었을 때 다시금 그 친구의 영어를 들어보니 완전 엉터리였던 것이다. 문법도 다 틀리고 단어 또한 기초 단어만 사용하며 이야기를 했다. 그때 느낀 점이 바로 영어는 공부가 아니라는 것이다. 그 친구처럼 비록 문법이 틀리고 쉬운 단어만 사용할지라도 의사소통이 가능하면 영어를 할 수 있는 것이다.

그때부터 나는 영어를 두려워하지도, 영어를 동경하지도 않기로 마음먹었다. 내가 쓴 방법은 '일단 틀리더라도 무조건 입밖으로 내뱉자'였다. 그래서 그날 배운 것은 그날 바로 활용하여 무조건 입으로 발음해서 써먹었다. 내 말이 문법적으로 틀리더라도 상관없었다. 알아듣는 이들이 애써서 알아들으려 했기 때문이다. 틀려도 괜찮다고 생각하니 하루 열 마디 하던 것이 다음 날엔 스무 마디, 그다음 날엔 오십 마디, 백 마디로 말수가 늘었다. 자신감이 늘어나고 소통만 되면 괜찮다는 마인드가 더해지자 영어 실력이 쑥쑥 늘어났다. 게다가 내가 있던 곳은 미국 땅, 영어를 쓸 일이 24시간 열려 있었다.

영어 못한다고 무시해? 그럼 기합이지

미국 도장에서는 한국인 사범이 영어를 잘하지 못하면 아이들이 약간 무시를 하는 분위기가 있었다. 어차피 대화가 안 통하고 영어를 못하니 말도 잘 듣지 않고 교육도 따르지 않았던 것이다.

처음 수업할 당시에는 나 또한 약간의 무시를 받았고 나 스스로도 영어를 못한다는 사실에 주눅이 들어 사범다운 사범 노릇을 100% 발휘하지 못했다. 하지만 영어에 자신감이 붙고 마인드가 바뀌자 이전의 내 모습은 사라졌다. 영어 실력과 상관없이 아이들이 제대로 훈련하지 않고 버릇 없이 굴면 가차 없이 아이들에게 올바른 행동을 하도록 훈육했다.

태권도 정신은 예의 바름, 정신과 몸의 올바른 태도에 있다. 그런 도(道)의 정신이 미국에서는 온전히 살아 있기에 아이들이 조금이라도 태권도 정신에서 벗어날 경우 이를 따끔히 지적하고 바로잡았다. 물론 100% 완벽한 영어를 구사하진 않았지만 내 자신감은 그대로 아이들에게 전달되었고, 사범이 당당하고 깐깐하게 지적하자 아이들은 나를 더이상 무시하지 않았다. 이후 존경과 존중을 받는 사범이 된 것은 당연했다.

어릴 적부터 주입식 영어 교육에 얽매여 있던 나는 영어가 참 두려웠지만 '틀려도 괜찮다. 어떻게 외국인이 100% 완벽한 영어를 할 수 있겠나. 완벽할 필요가 없다. 단지 언어를 배우는 목적은 소통인 것이고 틀릴지라도 소통만 가능하다면 괜찮을 것이다.

문법이 틀렸다고, 단어가 쉬운 단어라고 비웃을 외국인은 없을 것이다'라고 마인드를 바꾼 순간, 나의 언어 장벽은 돌파되었다.

언어가 열리자 세상이 열렸다

미국 가기 전에는 영어를 잘하면 정확히 무엇이 좋은지, 내 인생이 어떻게 달라지는지 몰랐지만 언어의 장벽을 돌파하고 한국에 돌아왔을 때 내 인생은 완전히 달라졌다.

글로벌 시대다. 인터넷의 발전으로 어느 분야를 막론하고 외국과의 교류가 많다. 우리 태권도계 또한 외국과의 상당한 교류가 있다. 많은 사람들이 해외에 진출하고 싶어 하고 해외에서 세미나를 열고 싶어 한다. 하지만 언어의 장벽 때문에 쉽게 도전하지 못하는 상황이 많이 발생한다. 이때 내가 영어를 할 수 있으니 많은 사람들에게 필요한 존재가 되었다.

예를 들어 내가 미국에 있을 때, 선수 시절 가르쳐주셨던 사범님께서 미국을 방문하셨는데 세미나를 열고 싶어 하셨지만 영어를 잘하지 못하셨기에 내가 통역을 해드렸다. 이처럼 언어의 장벽을 돌파하면 하나의 무기가 생기는 것이고 남들이 필요로 하는 사람이 될 수 있다.

아버지가 하는 안경 사업의 제조 공장은 대부분 중국에 있다. 제조 공장과 연결하려면 중국어 또는 영어가 가능해야 하는 상황이었다. 그때 마침 언어의 장벽을 돌파한 내가 중국 제조 공장과 연락하여 주문을 넣고, 샘플도 확인하고, 운송도 받을 수 있었다. 그로 인해 나는 무역이란 것을 배울 수 있었고, 중국인들과의 관계가 형성되었으며, 글로벌한 생활을 할 수 있게 된 것이다.

본인이 가지고 있는 특기를 생각해보자. 나를 예로 들면 태권도라는 무기를 가진 상태에서 언어의 장벽을 돌파한 것이 나의 무기를 더욱 날카롭게 다듬는 연마와 같은 역할을 한 것이다. 언어의 장벽을 돌파한 순간, 어느 나라에서도 태권도를 가르칠 수 있게 되었다. 이전의 나는 한국 시장만 보고 한국인과의 거래만 생각했다면 지금은 세계 전체를 볼 수 있는 시야가 생긴 것이다.

외국어도 정확한 목표가 있어야 돌파할 수 있다

나는 영어를 빨리 잘할 수 있어야만 하는 이유가 있었다. 남들 다 가는 대학교를 진학하지 않고 스스로를 벼랑 끝으로 밀어붙여서 갔던 미국이었기에 내가 영어를 잘 배우지 못하고 한국에 돌아온다면 검정고시 출신의 고졸밖에 안 됐다.

학창 시절 내 경쟁자였던 태권도 선수들은 전부 좋은 대학에 진학해 국가대표가 되고 성적을 내는 상황에서 내가 만약 저들에게 없는 영어 능력을 갖지 못한다면 내 스무 살은 도태된다고 생각했기 때문에 누구보다 열심히 공부했다. 또한 도장에서는 미국인 학생들만 가르치다 보니 영어를 못하면 무시받기에 하루 빨리 영어를 잘해야만 했다.

그러한 간절한 마음이 있다 보니 나만의 방법과 노하우가 생기게 되었고 누구보다 열심히 할 수 있는 열정이 생겼다. 왜 외국어를 할 수 있어야 하는지 정확하고 간절한 목표가 있다면 열정과 끈기는 자연스레 생길 것이다. 굳이 원어민 수준의 외국어를 구사할 필요가 없다면 더욱 가볍게 다가갈 수 있다. 조금은 틀린 문법과 어색한 표현일지라도 내 의사를 상대방에게 전달할 수 있으면 문제없다!

안주보다는 새로운 도전이 내 심장을 뛰게 했다

그냥 미국에서 살까?

나는 딱 1년만 미국 생활을 하고 귀국하겠다는 생각으로 미국 땅을 밟았지만 막상 생활을 하다 보니 적응이 되고 선진국 문화가 좋아서 미국에서 살고 싶다는 생각을 한 적이 있다. 게다가 미국에서 태권도 사범의 사회적 지위는 굉장히 높아 때로는 의사, 변호사 등 전문직종의 사람들보다 인정받는 직업이라는 점도 내 정착 의지를 더욱 자극했다. 아무리 시대가 바뀌었다고는 해도 내가 경험해본 미국은 아직은 동양인에 대한 인종차별이 있는 나라였는데 태권도 사범이라고 하면 깍듯이 경례를 받을 정도였다.

또한 미국에서의 태권도 도장 운영은 한국과는 조금 달리 비즈니스적으로 정말 훌륭했다. 한마디로 수익이 굉장히 좋은 사업이었다. 이와 같은 상황과 조건 때문에 한국의 많은 태권도 사범들이 미국으로 진출을 해왔고, 또 진출 중이다. 한국에서 도장을 하는 것보단 미국에서 대우를 받으면서 돈도 더 많이 벌 수 있기에 어떻게 보면 태권도인들의 '아메리칸 드림'인 것이다.

귀국하기 전 3개월간은 나도 미국에서 내 도장을 열어 나만의 '아메리칸 드림'을 꿈꿔볼까 생각도 했고 매력적인 제안들도 있어서 많이 고민하고 있던 시기였다.

입양을 한다고?

미국 태권도와 한국 태권도의 큰 차이점은 바로 '패밀리 정신'이었다. 한국에서의 태권도는 '아이들이 하는 스포츠'라는 인식이 강하지만 미국에서는 남녀노소 누구나 배우고 더 나아가 도장 사람들끼리 가족이 된다. 당시 내가 가르쳤던 수련생 중에는 연세가 70이 넘는 어르신도 있을 정도였다. 또한 사범을 진정으로 존경하고 가족처럼 아끼고 챙겨주는 문화도 보편적이었다.

도장의 수련생 중에서 나와 가장 가깝게 지내던 부부가 있었는데 바로 준코 씨와 스타크 씨였다. 두 분은 이미 4단을 딴 유단자였지만 경기 태권도, 즉 선수들이 하는 정통 엘리트 태권도는 배워본 적이 없어 나의 수업에 굉장한 흥미를 보였고 내 지도를 참 좋아했다. 나 또한 1년간 최선을 다해 가르쳤기 때문에 우리의 관계는 정말 부모 자식과 같은 관계로 발전했다.

어느 날 내가 점점 한국으로 돌아갈 시기가 된 것을 안 준코 씨 부부는 주말에 식사 초대를 했다. 그 자리에서 준코 씨는 내게 한국으로 돌아가야 하는 이유가 혹시 군대 문제 때문이냐고 물어왔다. 그때가 스무 살 겨울쯤이었으니 입대를 생각하고 있었기에 그렇다고 하자 준코 씨가 제안했다.

"마스터 손, 내가 당신을 입양하면 어때요?" 준코 씨 부부는 본인들이 나를 입양하면 미국의 시민권자가 될 수 있으니 자연스럽게 미국에 정착할 수 있다며 이곳에서 도장을 열어 사는 게 어떠냐는 것이었다. 무척 파격적이고 정말 매력적인 제안이었기 때문에 바로 거절을 할 수 없었다. 우선 시민권을 취득하게 되면 말 그대로 군대도 안 갈 수 있을 것이고, 미국에서 도장도 쉽게 열 수 있으니 나로서는 편안한 미래가 보장되는 큰 제안이었기에 쉽사리 판단할 수 없었다.

하지만 막상 미국인이 된다는 것은 조금 겁도 나고 한국에 대한 애국심도 강했기 때문에, 무엇보다 한국인의 이름으로 우리나라 스포츠인 태권도를 발전시키는 태권도 리더가 되겠다는 나의 꿈과는 조금 다른 길이었기 때문에 잠시 고민하다 결국은 그 제안을 거절했다. 그래도 나에게 입양이라는 제안까지 해주신 준코 씨 부부에게 참 감사한 마음이 들었고 그동안 내가 열정적으로 가르쳤던 1년의 시기를 한순간에 보상받는 느낌마저 들어서 지금까지도 뿌듯하고 행복한 기억으로 남아 있다.

내 성과를 확인받고 싶었다

본인이 정말 유능한 사람인가를 평가해볼 수 있는 방법이 있다. 바로 일을 그만두려고 할 때 평가할 수 있는데 보통 세 가지 경우로 나뉜다.

첫 번째는 사장이 퇴사를 그냥 허락하는 경우고, 두 번째는 퇴사를 다시 한 번 생각해보라고 한 번 잡는 경우며, 세 번째는 다른 좋은 조건을 제안하며 퇴사를 만류하는 경우다. 이때 그냥 퇴사를 허락한다면 유능하지 않았다는 뜻이고, 한 번 잡으면 그래도 1인분은 했다는 의미이고, 마지막처럼 더 좋은 제안을 하며 만류하면 유능한 인재라는 뜻이라고 한다.

미국으로 가기 전, 나는 세 번째처럼 더 좋은 제안을 받으면서 붙잡히는 나만의 목표를 세웠다. 목표를 이루기 전까지는 계속 미국에 있겠다는 생각이었는데 예를 들어 1년간의 미국 생활을 한 후, 사범님이 귀국하는 것을 그냥 허락하신다면 인정을 못 받은 것이기 때문에 1년 더 있는 것이다. 이러한 나만의 시크릿 미션 덕분에 미국에서 생활할 때는 사소한 일상에서도 최선을 다했고 열정을 다 바쳐서 생활했다.

약 한 달 정도 남은 시점, 귀국 예정일을 이미 알고 계셨던 사범님께서 도무지 붙잡으려는 생각이 없으신 것 같아 디데이가 다가오면 다가올수록 내 마음은 더욱 초조했다. 그러던 어느 날 지하철역으로 가는 차 안에서 사범님이 이야기를 꺼내셨다. 미국의 영주권을 취득하려면 스폰서가 필요한데 그 스폰서를 사범님께서 해주실 수 있고, 또한 대학교를 가면 등록금 등 필요한 학비, 숙식비를 다 제공해주실 수 있다는 것이다. 내 목표대로 더욱 좋은 조건을 제안받은 상황이었다. 그때 난 비로소 '이제 한국으로 갈 수 있겠다' 하고 생각했다.

사범님께 정중히 거절을 하고 추후에 들은 이야기인데 도장의 학부모들과 학생들이 사범님과 사모님께 찾아가서 마스터 손 안 보내면 안 되냐고 하고 아이들은 울면서 보내기 싫다고 했다는 것이다. 정말 감동적이고 뿌듯한 순간이었다. 미국 생활을 마무리할 즈음에는 '내가 과연 열심히 한 것이 맞나? 혹시 시간을 낭비한 것은 아닌가?' 하는 의심이 많이 들었다. 매일 최선을 다하며 생활했지만 누구나 그렇듯 마지막엔 아쉬움이 남는 것처럼 나 또한 그랬었다. 하지만 아무도 모르는 나만의 목표를 이룬 순간, 더 이상 미국 땅에는 나를 설레게 하는 것은 없었고 새로운 삶과 생활들이 날 더욱 설레게 했기 때문에 마음 편히 미국을 떠날 수 있었다.

인천공항에서 터진 눈물

워싱턴 덜레스 국제공항에서 인천공항까지 약 14시간의 비행을 하는 동안 나는 많은 추억들이 떠올랐다. 처음 미국에 갔을 때의 설렘, 영어에 대한 두려움을 극복했던 순간, 자전거를 타고 통학했던 기간, 미국에서 만난 좋은 사람들 등 1년간의 추억이 새록새록 떠올랐다. 마지막에는 정말 미국에 남아서 살고 싶다는 생각도 했었기 때문에 조금의 아쉬움이 남는 것은 당연했다.

그렇게 복잡 미묘한 감정과 함께 공항에 도착해 출구로 나오는 순간, 나를 마중나와 있는 친구들의 얼굴이 보였다. 순간 눈물이 터지고 말았다. 사실 1년간 타지에서의 생활은 무척 힘들었다. 더군다나 스스로를 절벽 끝으로 내몰아서 갔기에 하루하루 '열심히 하지 않으면 안 된다'는 스트레스로 가득했었다.

모든 것을 포기하고 싶은 순간도 있었고 너무 힘들었기 때문에 그냥 열심히 살지 말고 대충대충 살고 싶다는 생각도 들었을 정도였다. 내가 미국을 가기 전 몸무게가 약 70kg이었는데 한국에 돌아왔을 때는 57kg이었다. 그 정도로 무척 힘든 1년을 알차게 보내며 내가 목표했던 바를 다 이룬 것이다. 그리고 한국에 돌아왔을 때 터진 눈물은 스스로에 대한 대견함도 있었고 성취감도 있었고 안도감도 있었다.

매일매일이 긴장이었던 타지에서 생활하다 친구들의 얼굴을 보니 그저 눈물이 터지고 말았던 것이다. 지금 생각해보면 스무 살이면 아직 어린 나이인데 감당하기 버거운 부담감을 안고서 생활을 한 것 같다. 하지만 스무 살 어린 청년의 1년간 고생한 그 경험이 지금 나에겐 억만금보다 소중한 경험이다. 공항 출구를 나오면서, 나는 한국에서 펼쳐질 새로운 도전에 벌써부터 가슴이 뛰었다.

기회는 '기회'로 돌파하라

다음번 도전은 무한한 가능성의 나라, 중국!

한국에 돌아온 다음, 며칠간의 달콤한 휴식을 취하고 나는 곧 바로 다음 목표를 만들기로 했다. 가장 선진화된 태권도 시스템이 있는 나라가 미국이었다면, 앞으로의 발전 가능성이 크고 단기간의 발전 속도가 가장 빠른 나라는 역시나 중국이었다.

내가 짧은 1년의 미국 생활에서 느낀 것은 중국이란 나라는 모든 분야에서 무시할 수 없었을 정도로 영향력이 큰 국가라는 사실이었다. 미국에서는 이미 많이 상품들이 Made In China였고 핸드폰, 가전 등 웬만한 물건들이 다 중국에서 만들어지고 있었기 때문이다. 또한 미국인들은 중국에게 세계 1등의 자리를 빼앗길까 걱정하는 인식도 있었다. 그렇기 때문에 나에게 중국은 정말 매력적인 다음 도전 후보지였다.

중국의 막강한 영향력을 느끼게 해준 또 다른 인상 깊은 경험은 바로 박람회에서의 경험이었다. 미국 생활 이후, 나는 종종 아버지 사업에 필요한 통역을 해드릴 때가 있었는데, 2016년에 참석한 원저우(温州)국제안경박람회에서 나는 큰 충격을 받았다.

박람회는 각 국가의 다양한 기업들과 공장들이 참석하여 자신들의 상품을 소개하고, 판매도 하고, 더 나아가 계약까지 하는 역할인데 그곳에 참가한 대부분의 기업들이 다 중국 회사들이었고 참석자들은 국적을 불문하고 모두 중국어를 사용했다. 물론 영어도 사용하긴 하지만 더욱 친밀하게 관계를 맺기 위해서는 무조건 중국어가 필요해 보였다.

중국인들의 특성상 외국어를 굳이 사용하지 않으려고 하는 경향도 있기 때문에 마음에 드는 상품이 있어도 “I Don’t Speak English”라고 해버리면 답이 없었다. 이러한 경험을 통해 나는 새로운 도전을 하기로 했다. ‘나는 중국으로 간다.’ 이미 미국에서 언어의 장벽을 돌파해본 경험이 있던 나는 중국어도 마스터했을 때 변화되는 내 인생이 머릿속에 그려지며 가슴이 매우 설레었다. 계획과 목표가 세워지자 이제 구체적인 행동에 돌입해야 했다. 나는 중국 어학연수 학비를 모으기 위해 당장 아르바이트에 돌입했다.

니하오를 돌파하다

6개월간의 치열한 아르바이트 생활로 돈을 모은 뒤, 구체적인 행선지와 계획을 짰다. 중국 상하이는 공산주의 국가의 특징과는 조금 다르게 국제 도시였고 무역이 활발히 이루어지는 도시였다. 그 부분이 나에게 매력적으로 느껴져서 상하이로 어학연수를 떠났다.

처음 도착했을 때는 유학원에서 픽업해주지 않으면 학교도 못 찾아갈 정도로 중국어를 전혀 못했다. 책에서 본 "니하오, 짜이찌엔" 등 정말 기초만 알고 있었고 읽지도, 듣지도, 말하지도 못하는 상황이었다. 영어는 학창 시절에 배우기라도 해서 조금은 알지만 중국어는 정말 하나도 몰랐다. 예를 들어, 영어로 책을 Book이라 한다는 것은 기본적으로 알지만 중국어로 책이 무엇인지는 모르기 때문에 중국어는 훨씬 더 어려웠다.

하지만 미국에서 언어의 장벽을 돌파해본 경험이 있었기에 내 마음속에 두려움은 없었고 자신감과 즐거움뿐이었다. 책에서 본 문장을 연습하고 그냥 무작정 밖으로 나가서 사람들한테 내뱉어보는 것이 정말 재미있었다. 어디를 가든지 틀린 문법을 사용할지라도 자신 있게 중국어를 내뱉었다. 그 모습을 본 다른 한국 학생들은 내가 한국에서 중국어를 많이 공부하고 온 줄 알았다고 했다. 내가 미국에서 도미니카공화국 친구가 자신 있게 내뱉었던 영어를 보고 영어 잘한다고 느꼈던 것과 같은 상황이었다. 결국 언어의 장벽을 한 번 돌파해봤던 경험이 중국에서 니하오를 돌파하는 것을 더욱 수월하게 해주었던 것이다.

내가 단기간에 영어와 중국어를 하게 되니까 많은 사람들이 하는 이야기가 "언어에 재능이 있네"였다. 하지만 언어는 재능으로 하는 것이 아니라 '깡'과 '자신감'으로 하는 것이다. 거기다 한 번 돌파해본 경험이 있다면 금상첨화다. 그 경험을 통해 어떻게 극복하면 되는지 방법을 알기에 남들보다 빨리 배울 수 있는 것이라 생각한다.

내가 직접 찾으면 되지

그렇게 한창 엉터리 중국어를 내뱉으며 생활하는데 장애물이 하나 있었다. 나는 태권도 선수였기 때문에 중국에서 계속 운동을 해야 했다. 또한 아이들을 가르치면 언어를 더욱 빨리 배울 수 있다는 것을 알고 있었기 때문에 나에게 도장을 다니는 것은 선택이 아닌 필수였다. 하지만 미국과는 달리 아는 사람 없이 그저 어학연수로 간 중국이었기 때문에 가르칠 만한 장소가 없었다. 주변에 수소문을 해봐도 중국이란 나라에 진출한 한국인들은 찾기가 쉽지 않았다.

그렇게 며칠을 고민하고 수소문해봐도 해결이 되지 않고 있던 어느 날, 식당을 찾아가려고 핸드폰에서 지도앱을 켰는데 순간 '이거다' 하고 아이디어가 떠올랐다. 바로 지도앱에서 '태권도'를 중국어로 검색하면 주변 태권도장들이 나올 것이고 직접 찾아가서 셀프 PR을 하는 것이다.

나는 곧바로 검색을 해봤고 주변에 여섯 개의 도장이 나왔다. 주말에 쉬는 날, 자전거를 타고 여섯 개 도장을 다 찾아갔다. 물론 중국어를 배운 지 얼마 되지 않은 시점이었기 때문에 내 중국어는 엉터리였고 참 막막했었다. 엉터리인 내 중국어 실력에 대비하여 미리 내가 해야 할 말들을 작문하고 번역기를 돌려서 찾아갔다. 도장에 도착해서 나는 다짜고짜 물었다.

"나는 한국에서 태권도 선수였던 손동휘라고 하고 지금 상하이에 중국어를 배우러 왔는데 운동할 수 있는 도장을 찾고 있어요. 혹시 내가 좀 도와드릴 게 있는지 묻고 싶어요."

그야말로 갑자기 찾아온 낯선 외국 청년의 뜬금없는 제안이었다. 그런데 뜻밖의 행운일까 아님 한국 사범들이 부족해서일까? 다행히 여섯 개 도장 모두 나를 원했다. 그중 가장 성장 가능성이 있고 현지 태권도계에서 영향력이 큰 사람과 함께하기로 했고 나는 중국에서 아이들을 가르치며 운동도 할 수 있었다. 그 후 10개월간 열정적으로 아이들을 가르치고 도장 사범들에게도 지도 방법을 잘 가르쳐준 결과, 여전히 인연을 이어가고 있다. 그 도장은 벌써 5호점이 생겼다는 소식도 들렸다.

지금 생각해보면 그때는 이른바 맨땅에 헤딩하는 순간이었다. 아는 사람도 없는 중국에서, 중국어도 잘하지 못하는 상황에서 무작정 지도를 보며 도장을 검색해서 찾아가 나를 소개한다는 것은 어찌 보면 무모한 도전이었다. 하지만 남에게 의지하지 않고도 해결할 수 있다는 자신감이 가득 차 있던 나였기 때문에 무모한 도전마저도 설렘이었다.

중국인 친구를 어디서 찾지?

그렇게 중국 생활 초기에는 중국어를 배우기 위해 오전에는 학교 수업을 들었고, 오후에는 도장에 나가서 아이들을 가르치며 시간을 보냈다. 그런 생활이 반복되다 보니 내 마음속에서는 약간 지루한 감정이 들었다. 그저 학교에서 책상에 앉아 공부를 하고, 오후에는 태권도를 가르치는 사범의 역할만 하다 보니 한국에서 중국어 공부하는 것과 별반 큰 차이가 없다고 느껴졌다. 한국에 돌아갔을 때 누군가 중국 문화에 대해 물어보고 중국인 친구의 도움을 구할 일이 생긴다면 나는 아무런 대답을 하지 못할 것 같았다.

무조건 중국인 친구들을 사귀어야 한다고 생각했지만 어학연수의 특성상 중국 현지 친구들을 사귀기란 쉽지가 않았다. 수업은 외국에서 온 친구들과 듣고 학교 내에는 한국인들이 많기 때문에 한국 사람들과 어울리기 쉬웠다. 어떻게 중국 친구를 사귈까 고민하고 있던 어느 날, 친한 한국인 형이 오전 수업에 오지 않아서 왜 결석했냐고 물어보니 클럽에 다녀와서 늦잠을 잤다는 것이다. 나는 그 말을 듣는 순간 '아, 이거다!' 했다.

내가 생각하기에 현지에서 생활하는 어학연수의 가장 큰 장점은 노는 것이 곧 공부하는 것이었다. 중국 친구들과 대화를 하며 놀다 보면 학교에서 배우는 학문적인 중국어가 아닌 '진짜 중국어'를 배울 수 있고 다양한 사람들도 만날 수 있다고 생각했다.

나는 그때부터 클럽을 자주 다녔다. 중국에서는 한국인들의 인기가 굉장하다. 한류 열풍 때문인지 한국 남자들이 인기가 참 좋다. 그 덕분에 나는 수많은 중국 친구들을 사귈 수 있었고 중국어도 단기간에 정말 많이 늘었다. 물론 학교를 결석하면서 클럽을 다닌 것은 아니었지만 주말마다 클럽에 갔다.

어느 날은 재미있게 놀고 있는데 한 무리의 사람들이 자신들이 노는 방으로 같이 가자고 했고 조금은 무서웠지만 새로운 경험이었기 때문에 따라갔다. 그런데 눈에 보이는 방에 가는 것이 아니라 미로를 탈출하듯이 점점 수상한 곳으로 갔다. 갑자기 주방 쪽으로 가더니 주방을 그냥 지나치고 안쪽 계단을 올라갔는데 갑자기 웬 문이 있는 것이다. 그 문을 열고 들어가니 처음 경험해보는 세상이 있었다. 그곳은 중국의 상류층들이 모이는 장소였다. 클럽의 사장도 있었고 연예인, 각 기업의 대표 등 상하이 상류층들이 그곳에 있었던 것이다. 중국에 오기 전 '중국은 꽌시(관계)의 나라'라고 많이 들었기 때문에 나는 그곳에 있는 사람들의 '위챗'(중국의 메신저)을 다 받아서 친구를 맺었다.

그날 택시를 타고 기숙사로 돌아오는 길에 문득 '내가 만약 학교에서 수업만 받고 생활했다면 이러한 사람들과 친구를 맺을 수 있었을까?' 하는 생각이 들었다. 참 신기하고 특별했던 경험이었다. 나는 이 경험을 하기 전에는 클럽과 같은 곳은 무조건 좋지 않은 곳이라고 생각했다. 색안경부터 끼고 바라봤던 것이다. '왜 소중한 시간을 낭비할까?'라는 생각도 한 적 있었다. 하지만 내가 비관적으로 바라봤던 놀이문화를 통해 내 고민을 해결했을 때 '때로는 잘 놀 줄 아는 것도 중요하겠다'라는 생각이 들었다.

70~80년대는 정말 책상에 앉아서 공부만 열심히 하고 한 분야를 열심히 하면 성공할 수 있는 세상이었다면 이제는 성공하는 방법이 달라졌다고 느꼈다. 다양한 사람들과의 관계를 잘 형성하기도 해야 하고 때로는 잘 노는 것도 중요해진 세상이다.

이 경험은 나를 완전히 바꿔놓았다. 내 고정관념을 깨고 원하던 목표를 이룰 수 있는 경험이었다. 예전에는 애늙은이처럼 고지식한 생각으로 오로지 노력을 해야 한다고 주장했다면 지금은 한층 더 여유로워지고 노력만으로 해결되지 않는 것도 있다고 깨닫게 되었다.

돈이 없을 땐 '돈을 만들어라'

나도 용돈 받고 싶다

어학연수 생활을 할 때 나의 가장 큰 고민거리는 바로 '돈'이었다. 나는 스무 살이 되고 난 후 정기적으로 받는 용돈이란 것이 없었는데 미국에서는 내가 일을 하면서 숙식과 생활비를 해결할 수 있었지만 중국에서는 불가능했다. 물론 중국 현지 도장에서 사범 일을 했었지만 어디까지나 짧은 시간 아이들을 가르치는 파트타임이었기 때문에 생활비를 충당하기엔 역부족이었다. 점점 한국에서 모아놓았던 돈을 다 써가는 상황에 나는 큰 스트레스를 받고 있었다.

주변 유학생들을 보면 부모님께 달마다 100만 원씩 생활비를 받는 사람도 있었다. 사고 싶은 것, 먹고 싶은 것 다 큰 고민 없이 누릴 수 있는 유학생들이 있었는데 나는 참 그들이 부러웠다. 우리 집은 가난하지는 않았지만 부모님의 교육 방식이 '물고기를 주지 않고 물고기 잡는 방법을 알려준다'는 것이었고 아버지께서는 자수성가하신 분이셨기 때문에 '헝그리 정신'이 얼마나 중요한지 알려주려고 일부러 용돈을 주시지 않는다. 나 또한 성인이 되어서 부모님께 용돈을 받기가 참 민망해서 굳이 돈을 달라고 말씀 드리지 않았다.

이 때문에 나는 스스로 돈에 대한 스트레스가 굉장히 컸는데 그러다 보니 정말 '헝그리 정신'이 생겼다. 더이상 돈에 스트레스를 받지 않고 싶은 간절한 마음이 생겼다. 나도 다른 사람들처럼 돈 걱정 안 하고 먹고 싶은 것도 마음대로 먹고 싶었고 사고 싶은 것도 고민 없이 사고 싶은 마음이 생겼다. 하지만 돈을 버는 방법을 몰랐었기 때문에 어쩔 줄 모르고 고민만 하고 있던 시절이었다.

17만 원으로 시작한 화장품 장사

나의 간절한 마음이 전해졌는지 나는 학교생활을 하며 우연히 기회를 포착할 수 있었다. 우리 학교에는 온라인 사업을 하다가 오신 형이 한 명 있었는데 그 형과 술자리를 갖게 되었고 온라인 쇼핑몰 창업을 하게 된 이야기를 들었다. 중국에서 어학연수를 하고 있는 그 순간에도 온라인으로 장사를 하고 있었던 것이다. 그 이야기를 듣고 난 머리가 순간 번쩍였다. '아, 나도 할 수 있겠다.'

온라인 사업은 컴퓨터와 인터넷 연결만 되면 어디서든 할 수 있는 창업이었다. 내가 딱 원하던 돈 버는 방법이었다. 그 이후로 온라인 창업에 대해서 많이 공부하고 알아보며 이미 장사를 하고 있는 형과도 친해져서 어깨너머로 많이 배웠다. 중요한 것은 아이템 선정이었는데 내가 중국에서 생활을 하고 있다 보니 선택할 수 있는 아이템은 Made In China, 중국산 물품밖에 없었다. 그렇게 이것저것 상품을 알아보던 와중에 한국인 유학생들이 중국에 오면 꼭 사간다는 것이 있다는 이야기를 듣게 됐는데 바로 '화장품'이었다.

색조 화장품 등 여성들이 사용하는 화장품이 중국에서는 저렴했기 때문에 시장에 가서 화장품을 많이 산다는 정보가 귀에 들어온 것이다. 화장품에 대해서 잘 몰랐던 나는 바로 공부에 들어갔다. 어떤 화장품이 인기가 많고 어떤 브랜드가 인기가 많은지 알아보았고 한국에서는 중국 상품을 유통하는 경쟁자들이 적다는 것을 직접 확인한 후에는 무조건 성공할 수 있다는 확신이 생겼다.

나는 곧바로 현지 공장을 알아봤다. 중국의 네이버인 '바이두'에서 화장품을 검색해보고 직접 업체를 구하는 글도 올리고 '알리바바'라는 도매 사이트에 가입해 여러 공장에 연락도 했다. 이때 아버지와 함께 박람회를 다녔던 경험이 많은 도움이 되었다. 어떻게 주문을 넣고 가격 흥정을 하고 관계를 맺는지 노하우가 있던 나에게는 공장과 협상하는 일은 수월했다.

예를 들어 공장에 직접 주문을 넣기 위해서는 최소 수량을 맞춰야 한다. 적은 수량은 공장에서 제작을 해주지 않기 때문에 최소 수량을 오더해야 주문 생산이 가능했다. 하지만 내 수중에 있는 돈은 많은 주문을 하기엔 부족했고 이제 막 장사를 시작하는 상황에서는 그 많은 재고를 감당하기 힘들었다. 그래서 협상에 들어갈 수밖에 없었다.

"나는 한국에 당신들의 물건을 팔고 싶어요. 하지만 이제 막 시작하는 것이라서 최소 수량을 맞출 수가 없어요. 앞으로 장사가 잘되면 수량을 점점 늘려 나갈게요"라고 이야기를 했는데 한국인이 중국어를 하며 협상하는 것이 중국인 입장에서 보기 좋았는지 허락을 해준 것이다. 그렇게 나는 1,000위안, 약 17만 원 정도의 돈으로 첫 온라인 사업을 시작하게 되었다.

상품을 한국으로 보낸 뒤 주문이 들어오면 한국에 있는 친구에게 부탁해 택배를 보내는 시스템으로 시작하게 되었는데 첫 주문이 들어오던 그때의 기분을 난 잊지 못한다. 첫 상품이 고객에게 배송되고 평점 5점을 받았는데 그땐 정말 감사하고 가슴이 벅차올랐다.

그렇게 점점 주문이 늘어나고 처음 주문한 17만 원 상당의 상품을 다 판매했다. 수익이 많이 생겼지만 점점 장사를 키우고 싶은 욕심이 생긴 나는 모든 수익금을 다시 신제품 주문하는 데에 다 썼다. 처음엔 17만 원, 그다음엔 30만 원, 100만 원, 200만 원, 500만 원 점점 주문하는 금액이 커졌고 재고도 생겼고 수익도 점점 커졌다. 17만 원으로 시작한 내 첫 장사가 성공한 것이다. 그렇게 나는 중국 생활을 하면서 처음으로 돈을 벌어 스스로 생활해보았다.

이때 나는 돈을 번다는 느낌보다는 돈을 만든다는 느낌을 많이 받았다. 온라인 사업이란 기회를 보고 이때까지의 경험을 노하우 삼아 실행하였고 17만 원의 주문량에서 500만 원 이상의 주문량으로 성장시켜보니 돈을 번다는 느낌보단 나의 시스템이 만들어지고 있다는 생각이 더욱 강하게 들었다.

절박함으로 돈을 돌파하다

비록 이 화장품 장사는 군입대를 해야 해서 정리하게 되었지만 정말 뜻깊은 경험이었다. 손님들에게 좋은 화장품을 선물한다는 생각으로 상품 하나하나 신경 써서 골랐고 배송했다. 가격 경쟁에서 이겨보기 위해 다양한 방법으로 거래처와 가격 협상도 해보았고 무역이 어떻게 진행되는지 알게 되었다. 이 경험을 토대로 나는 한 단계 더 성장하여 지금도 온라인 사업을 진행 중에 있다.

화장품 장사를 정리할 때 나는 문득 '내가 만약 다른 사람들처럼 부모님께 용돈을 받았더라면 어떻게 됐을까?'라는 생각이 들었다. 시작할 때의 긴장감과 설렘, 첫 주문에서 받은 깊은 행복감, 마지막으로 모든 재고를 다 정리하고 나한테 남겨진 수익금을 봤을 때의 성취감은 정말 어떤 것과도 바꿀 수 없는 소중한 추억이 됐다. 오히려 그때 경제적으로 부족했던 내 상황에 감사했다.

내가 만약 그저 부모님께 용돈을 받으며 생활을 했다면 스스로 돈을 만들 수 있는 방법을 모르며 살았을 것이다. 하지만 돈에 대한 스트레스가 기회를 포착할 수 있는 시야를 만들어주었고 절박한 마음이 꾸준히 실천하게 하는 원동력이 되었다. 스스로 흙수저를 자청했던 상황이 오히려 나를 성장시켜준 것이다. 또한 그저 돈을 번 것이 아니라 돈을 만들어본 경험이 생기니 돈을 보는 시각도 달라졌다. 기회를 잘 찾아야 하고 그 기회 속에 돈은 자연스레 따라온다고 느꼈다.

어른들이 "돈을 쫓지 말고 돈을 따라오게 만들어라"라고 조언하는데 한 번도 경험해보지 못했을 때는 이해가 잘되지 않았지만 돈을 만들어본 경험이 생기니까 그 말의 뜻이 무엇인지 알게 되었다. 장사가 잘되면 잘될수록 돈을 많이 벌고 싶은 마음보다는 손님들에게 행복감을 선물해주고 싶다는 마인드가 생겼고, 그로 인해 더욱더 좋은 제품을 좋은 가격에 제공하고 싶다는 생각이 들었다. 그러다 보니 자연스럽게 좋은 평판이 생겨났고 장사가 잘되었던 것이다. 결국 돈이 따라오게 만들었던 경험이었다.

적을 알아야 적을 뛰어넘을 수 있다

태권도 말고 우슈를 선택하다

1년간의 상하이 어학연수 생활을 끝마칠 즈음 나는 고민에 빠졌다. 남들이 대학교에 진학하는 스무 살 때는 미국에서 경험을 쌓았고 스물한 살에는 상하이에 있었기에 스물둘이 되는 시점에는 무언가 새로운 것에 도전하고 싶었다. 나는 공부를 더 하고 싶었다. 영어, 중국어 등 외국어는 이미 터득했으니 이제는 내가 진출해야 할 분야에서 전문적인 공부를 파고들고 인맥도 쌓아야겠다고 생각했다.

그간 여러 차례 외국 생활을 경험했기에 한국 학교에 진학하는 것은 의미가 없었고 무조건 해외 대학교에 진학하고 싶은 마음이 컸다. 중국의 발전 가능성을 직접 보았고 태권도 발전 부분에서도 중국을 빼놓을 수는 없을 정도로 영향력이 컸기 때문에 자연스럽게 중국의 대학교에 진학해야겠다는 쪽으로 생각이 굳어졌다.

중국 체육대학교 가운데 최고의 대학은 '베이징체육대학교'였기에 목표를 그쪽으로 잡고 학과를 알아봤다. 주변 사람들은 내게 당연히 태권도학과에 진학해야 한다고 조언했지만 나는 태권도학과에 진학하고 싶은 마음은 없었다. 이유는 간단했다. 이미 태권도에 대해서 잘 알고 그만큼의 실력을 가지고 있는데 굳이 중국에서 태권도학과에 진학하여 운동만을 목적으로 학교생활을 하는 학생이 되고 싶지는 않았다. 또한 대학교에서는 배움을 목적으로 해야 하는데 태권도학과를 진학하면 오히려 내가 지도를 하고 있을 것만 같았다.

그때 당시 중국에서 깜짝 놀랄 만한 이야기가 두 가지 있었다. 첫 번째는 '태권도는 중국 무술인 우슈에서 파생된 중국 무술이다'였고, 두 번째는 '국기원의 태권도 단증을 굳이 취득하지 않고 본인들 자체적으로 단증을 만들어 발급하겠다'였다.

이런 얘기를 들었을 때 '중화사상에 빠져있는 중국인들, 뭐든 유명한 건 다 자기네 것이라지' 하면서 넘기고 싶지 않았다. 김치도, 한복도 자기네 것이라고 우기더니, 이제는 태권도까지 넘보다니 어이없기도 했고 또 괘씸했다. 그렇다고 비판만 늘어놓아서는 해결책이 되지 않는다고 생각했다. 그들의 주장을 반박하려면 우선 그들이 왜 그렇게 주장하고 억지를 펴는지 그들의 사고방식부터 알아야겠다고 생각했다.

그렇게 '지피지기(知彼知己)'의 마음으로 적을 알기 위해 나는 중국에서 제일가는 '베이징체육대학교'의 '우슈학과'에 진학하기로 결심했다. 우슈는 중국 문화와 중국인들 사상의 뿌리였기 때문에 우슈를 배우면 중국 무술인들을 비롯한 중국인들의 사고와 주장의 배경을 배울 수 있겠다고 생각했다. 무모한 결정이었다고 생각된 적도 있었지만 태권도학과에 진학하여 의미 없는 대학교 생활을 보내는 것보단 내가 모르는 중국 무술을 새로 배우고 싶었다. 태권도를 더욱 발전시킬 수 있는 아이디어를 가지기 위해서 무모한 도전을 현명한 선택으로 바꾸고 싶었다. 그렇게 또 한 가지 목표가 생긴 것이다. '베이징체육대학교에 진학하여 우슈를 배우고 중국 문화와 사고를 배우며 태권도를 발전시킬 수 있는 아이디어를 만들어낸다.'

장학금에 도전하다

학교 진학을 위해 여러 가지 정보를 알아보던 중 반가운 정보가 있었다. 바로 중국 정부에서 주는 장학금이 있다는 사실이다. 사실 외국에서 학교를 다니면 학비와 생활비가 정말 많이 든다. 돈이 부족했던 그 시기에 학비와 생활비에 돈을 쓰기에는 버거운 마음이 컸다. 하지만 정부 장학금을 받으면 학비는 물론 기숙사비와 생활비까지 준다는 것이었다.

무조건 장학금을 받고 싶어졌다. 유학원 측에 문의를 해보니 쉽게 받을 수 있는 장학금은 아니었다. 장학금을 받을 수 있는 조건을 보니 학교 성적도 좋아야 하고 중국어 시험인 HSK 급수도 높아야 한다고 했다. 다행히 나는 검정고시 성적이 고득점이었기 때문에 고등학교 성적은 걱정하지 않아도 됐고 중국어 시험만 잘 보면 됐다. 그때 당시 5급을 가지고 있었는데 5급으로도 장학금을 받는 학생들이 있다고 했지만 나는 '무조건 6급 아니면 안 된다'는 생각이 들었다. 확실함을 중요하게 생각했던 나였기 때문에 애매한 5급보다는 확실한 6급을 취득하고 싶었다.

사실 중국어를 배운 지 1년 만에 학원을 안 다니고 6급을 딴다는 것은 무리수였다. 한국에서 중국어학과에 재학 중인 중국어 전공자들도 6급을 따기 어려워하는데 고작 배운 지 1년밖에 되지 않은 내가 6급을 따기는 사실 무모한 도전이었다. 하지만 나에게는 절실했던 장학금을 받기 위해 6급을 따야 한다는 목표가 있었고 이제껏 그 힘든 시절을 다 이겨냈던 나였기 때문에 할 수 있다는 자신감이 솟구쳤다.

'미국에서 자전거를 타며 그렇게 고생하면서 공부도 해봤는데 편안하게 공부할 수 있으니 못 할 게 뭐 있나'라고 생각하며 6급을 따기 위해 공부했다. 현지에서 중국어에 대한 감이 있었던 나는 정확한 단어의 뜻을 다 알고 있진 않았지만 대략 어떤 의미인지 알아차리고 문제를 풀어갔다.

그렇게 3개월간 열심히 준비한 결과 다행히 6급을 합격했다. 장학금을 받기 위한 필요조건이 다 갖추어졌고 입학원서를 넣고 장학금 신청서를 제출한 뒤 결과를 기다리던 중 유학원 측에서 전화가 왔다. “동휘 씨, 장학금 합격이에요!”

그 순간 정말 기분이 좋았다. 어떻게 보면 합격 가능성이 있었던 5급이 이미 있었지만 가능성보단 확실함을 추구하기 위해 6급에 무모한 도전을 했던 것인데 좋은 결과를 만들어낼 수 있어서 참 다행이었다.

막막했던 학교 시험, 윈윈으로 돌파하다

첫 학기가 시작되었고 나는 베이징에 도착하여 기숙사에 짐을 풀었다. 상하이에서만 생활하던 나에게 베이징은 완전히 다른 느낌이었다. 오히려 더욱 고전적이고 중국스러운 느낌이 강했다. 상하이는 ‘여기가 중국인가?’ 싶을 정도로 발전되고 외국문화가 많이 스며들어 있었는데 베이징은 ‘중국’ 그 자체였다.

첫 수업을 갔는데 우리 학과는 난리가 났다. 한국인 유학생이 왔기 때문이다. 중국인들에게는 베이징에 있는 학교를 진학하는 것은 한국인이 서울대학교를 가는 것 그 이상으로 엄청나게 어럽고 대단한 일이었다. 어른들의 말을 들어보면 예전 우리나라 시골 출신 학생들도 좋은 학교에 가서 유학생 친구를 만들면 어깨가 으쓱해졌다고 하는데 딱 그런 느낌으로 K-pop과 K-드라마를 좋아하는 중국인들에게는 한국인 친구가 생기는 것이 자랑스러운 일이었다. 그렇다 보니 다들 나에게 와서 한마디씩 하고 전화번호를 물어보고 갔다. 그때부터 나를 도와줄 중국인 친구들이 많이 생겼고 덕분에 나는 비교적 수월하게 학교생활을 시작할 수 있었다.

하지만 수월했던 시작과는 다르게 학교생활은 엄청 힘들었다. 유학생이어서 시험에서 조금의 핸디캡은 있을 줄 알았지만 중국 학생들과 똑같이 시험을 치는 것이었다. 더 큰 문제는 나는 분명 '우슈학과'에 진학했는데 배우는 교과과목들은 '의과대학'의 느낌이었다. '중의학, 의학, 역학, 생리학, 해부학' 등 인체에 대한 과목들이 많았고 '중국고전문학, 동양철학, 조직관리, 중국역사' 등 인문대학의 과목들도 많이 있었다. 한국어로 배워도 이해하기 힘든 과목들을 중국어로 공부하고 중국인들과 똑같이 시험을 본다는 것은 사실상 졸업하기 힘든 상황이었다.

공부만 열심히 한다고 절대 시험에 통과할 수 없다고 생각했고 나는 다른 방법을 활용해 합격하려고 노력했다. 그 방법은 바로 '친구들 활용하기'였다. 우선 우리 학과 전교 1등이 누구인지 알아봤다. 바로 '호걸'이라는 친구였는데 소림사 출신이라고 했다. 나는 그때부터 호걸이에게 말을 건네며 친해지려고 노력했고 이야기를 들어보니 본인은 영어를 잘하지 못해서 걱정이라고 했다. 그 순간 나는 좋은 기회를 포착했고 바로 잡았다. “내가 너 영어를 가르쳐줄게. 너는 내 학교 시험 좀 도와줄래?”

저녁 시간마다 도서관에서 만나 나는 호걸이의 영어 시험을 도와주었고 호걸이는 나의 학교 시험을 도와주었다. 호걸이에게는 각 과목별로 요점 정리가 되어 있는 공부 자료가 많았고 나는 그 덕분에 중요한 요점들만 잘 공부하여 모든 시험에서 합격할 수 있었다. 또 팀 과제와 같이 조를 짜서 과제를 하는 평가에서도 호걸이와 한 팀이 되어서 높은 점수를 받을 수 있었다. 반면 호걸이도 내가 도와준 덕분에 영어 시험에서 가장 높은 급수인 6급에 합격했다는 소식이 들려왔다.

보통 우리 학교의 한국 유학생들은 불합격 과목이 많이 있는 편이다. 과목들이 워낙 어렵고 들어야 할 수업도 많기 때문이다. 그리고 운동선수 출신들도 많아서 공부와는 담을 쌓고 살아온 학생들이 많아 불합격 과목이 생길 수밖에 없다. 나도 처음에는 정말 막막하고 걱정이 되었지만 남다른 방법으로 해결책을 만들어 결국에는 모든 과목을 합격할 수 있어서 정말 뿌듯했다. 그저 나 혼자서 열심히 노력을 했다면 몇 과목들은 불합격을 했을 수도 있었다. 하지만 호걸이라는 좋은 친구를 만들어 서로 도움을 주며 윈윈할 수 있는 과정과 결과를 만들어낼 수 있어서 정말 뜻깊은 경험이라 생각한다. 이때 이후로 혼자서 해결하기보다 다른 사람에게 도움을 받을 수 있고 나도 도움을 줄 수 있는 서로 윈윈하는 관계를 만들기 시작했다.

내 이름을 안 불러주네?

또 한 가지 어려움이 있었는데, 나는 태권도 선수였기 때문에 전공인 우슈는 전무후무한 운동이었고 당연히 잘하지 못했다. 하지만 우리 학과 친구들은 중국에서 제일가는 실력을 가진 말 그대로 중국에서 최상위권 실력을 가지고 있는 선수들이었다. 매번 수업에 가면 전공 교수님은 나를 무시하기 일쑤였고 수업 시간에는 내 이름을 한 번도 부르지 않고 '한국인'이라고 불렀다. 나는 그게 너무 싫었고 스트레스였다. 태권도를 시작한 계기인 '송판'처럼 중국에서 나의 자존심을 건든 것은 '한국인'이라는 명칭이었다. 그때부터 내 마음속에는 새로운 목표가 생겼다. '전공 수업을 모두 끝마치기 전, 무조건 교수님에게 내 이름을 듣는다.'

하지만 쉽지는 않았다. 태권도와 우슈는 정말 완전히 다른 운동이었다. 예를 들어 태권도의 앞차기는 골반을 최대한 활용하여 높게 차고 멀리 차는데 우슈의 앞차기는 골반의 움직임을 제한하여 일정한 높이만 찬다. 10년 넘게 태권도만 수련했던 나에겐 골반 움직임의 습관을 단기간에 고치기란 정말 힘들었다. 그렇게 첫 학기와 두 번째 학기, 1년 동안 한 번도 '손동휘'라는 이름을 들어보지 못했다. 그렇다 보니 2학년 때는 더욱 오기가 생겼다. 매번 수업이 끝나고 남아서 연습을 했고 그 모습을 신기하게 봤던 중국인 친구들이 하나둘씩 나를 가르쳐주었고 나는 '우슈'에 적응하기 시작했다.

그래도 운동신경이 있었던 나는 금방 새로웠던 우슈를 받아들였고, 어느 날 교수님이 "그렇지, 그렇게 하는 거야. 이제 조금 하네"라는 말씀을 해주셨고, 그다음 수업에는 "처음 수업에 왔을 때는 기본기가 없어서 막막했는데 많이 늘었네, 손동휘? 더 열심히 해"라고 해주셨다. 드디어 이름이 불린 것이다.

그때부터 교수님은 나를 '한국인'이 아닌 '손동휘'로 불러주셨다. 교수님에게는 아무것도 아닌 것이었을지 모르지만 나에게는 엄청난 성취감과 감동으로 느껴졌다. 그때부터 나는 우슈에 재미를 붙였고 중국인 친구들과 국적을 떠나 하나의 팀으로서 소속감을 느끼며 수업을 들었다.

2학년 전공 수업이 끝날 때쯤 학교 자체에서 대회가 열렸는데 나는 꼴등만 면할 생각으로 출전했다. 전부 중국에서 실력 있는 우슈 선수들이었기 때문에 내 목표는 꼴등만 면하는 것이었다. 매일 남아서 운동을 하고 친구들에게 음료수를 사주면서 좀 가르쳐달라고 부탁하며 열심히 시합 준비를 했었다. 교수님도 이제는 나를 제자로 인정하셨는지 열정을 다해 가르쳐주셨고 그 결과 꼴등만 면하려고 출전한 시합에서 나는 10등을 했다. 1등만 좋아하던 내가 10등을 하며 행복해할 줄은 몰랐다.

그간 내 이름 석 자를 들어보기 위해 노력했던 순간, 매일 남아서 연습을 했던 시간들, 친구들은 다 잘하는데 나는 못해서 움츠러들고 눈치를 봐야만 했던 서러웠던 시절들이 생각났다. 결국에는 값진 10등을 만들어냈기 때문에 그 어떤 1등보다 더욱 값졌다. 이 경험을 통해서 물론 결과도 중요하지만 누구에게는 결과보다 그간 거쳐 왔던 과정이 더욱 소중한 경험일 수도 있겠다고 느꼈다.

사람마다 목표는 다 다르다. 누구는 1등만을 목표로 하고 누구는 꼴등만 면하는 것을 목표로 한다. 하지만 꼴등만 면하기 위해서 최선을 다한 사람은 비록 1등은 아니었지만 그 과정 속에서 최선의 노력을 했고 그 경험은 자신을 더욱더 단단히 만들어줄 것이다. 비록 현재는 꼴등을 면하는 상황이지만 언젠가는 1등을 목표로 하는 사람이 될 수 있을 것이다.

꽌시를 만들어낸 나만의 비법

운동도 하고 학교 수업도 들었던 학교생활에 약간의 걱정이 생겼다. 우슈학과의 친구들만 생긴다는 문제였다. 다양한 친구들을 사귀고 넓은 인간관계를 형성하고 싶었기에 다른 학과 친구들을 사귀고 싶었다. 하지만 사실상 힘들었다. 매일 수업을 듣고 운동을 하고 과제를 해야 하는 상황에서 다른 학과 친구들을 사귀기는 쉽지 않았다. '어떻게 다양한 친구들을 사귈까?' 하고 고민하고 있던 그때 길을 걸어가다 포스터를 하나 보게 되었다.

'베이징체육대학교 나는 가수다'의 포스터였다. 바로 우리 학교에서 노래대회를 하는 것이었다. 나는 '바로 이거다!' 했다. 어릴 적부터 노래 부르는 것을 좋아했던 나는 학교 노래대회에 나가서 다양한 친구들을 사귀어야겠다고 생각했다. 그렇게 예선 오디션에 지원을 하고 한동안 노래를 연습했다. 한국인은 중국인들에게 인기가 많았기 때문에 수월하게 예선을 통과하고 본선에도 진출하여 결국 결선 무대에 서게 되었다.

그때부터 내 얼굴과 이름이 포스터로 만들어졌고 학교 전체에 홍보가 되었다. 학교 수업을 갈 때면 수업 듣는 건물 1층에 내 포스터가 걸려 있었고 그 덕분에 다양한 부류의 친구들이 내 위챗을 추가하여 인사를 건네며 친해졌다. 한국인이 중국 노래를 부르면 더욱 좋아할 것 같다는 생각이 들어서 결선 무대는 중국 노래로 불렀다. 난생 처음 접해보는 중국 노래를 연습할 때 나는 참 설레었다. 무대에서 중국 노래를 부르고 관중들이 환호할 생각을 하니 가슴이 벅찼다.

기대처럼 결선 무대에서의 반응은 뜨거웠다. 모든 중국인 친구들이 '떼창'을 해주었고 나에게 꽃을 선물해주는 친구들까지 있었다. 결과는 아쉽게도 2등이었지만 1등보다 더 많은 관심을 받을 수 있어서 실망하지 않았다. 이후에도 각종 행사에 참석하여 노래를 불러달라는 요청이 많아졌고 그렇게 나는 다른 학과, 다른 분야의 사람들과 친분을 맺을 수 있었다.

사실 지원을 할 때까지만 해도 '괜히 대회에 나가서 창피만 당하고 끝나는 게 아닐까?' 하는 두려움도 많았다. 그렇지만 '생각만 하고 상상만 하다가 기회를 놓치는 건 아닐까?' 하는 생각으로 일단 지원해버렸다. 많은 생각을 안 하고 그냥 실행부터 했다. 일단 오디션에 신청하면 어떻게 되든 도전을 한 것이기 때문에 나중에 후회하지 않을 것 같아서 무작정 신청을 했던 것이다. 그렇게 무모한 도전이 결국에는 나를 학교의 유명인사로 만들어 주었고 다양한 사람들과의 친분을 쌓을 수 있는 기회를 만들어 주었다.

나는 자주 '할까 말까, 괜히 나서는 거 아닐까' 하고 생각되는 순간들이 있지만 이때의 경험을 떠올리며 일단은 하고 보는 습관이 생겼다. 그 순간의 무모한 생각과 실행력이 나중에는 큰 선물로 돌아오는 경우가 많다. 역시 기회는 기다리는 것이 아니라 찾는 것이라고 느낀 경험이었다.

나는 늘 다음번 도전을 찾는다

다시 한 번 최고가 되어보고 싶다

중국 유학 생활을 2년간 하고서 휴학을 한 뒤 나는 군입대를 했다. 원래는 군대 안에 있는 태권도 시범단에 가고 싶었지만 여러 가지 상황들이 맞지 않아서 시범단을 가지 못하고 육군에서 군생활을 했다. 입대를 하기 전, 많은 사람들이 군 생활은 버리는 시간이라고 흔히들 이야기했는데 나는 그 말이 너무 싫었다.

막상 경험해본 군 생활은 버리는 시간이기도 했지만 내가 스스로 시간을 내서 노력한다면 얼마든지 많은 것들을 이룰 수 있는 환경이기도 했다. 어쩌면 나는 군대에서도 목표가 필요했던 것이다. 휴학한 뒤 운동을 오랫동안 하지 않고 이등병 생활을 하며 운동보다는 허드렛일을 더욱 많이 했던지라 나의 몸 상태는 일반인과 다를 바 없었다. 그 모습이 나에게는 도저히 용납이 안 돼서 결국 나는 군 생활에서 목표를 '몸짱 되기'로 정했다.

그렇게 몸 만들기 프로젝트에 들어간 2020년 5월부터 전역을 했던 2021년 1월까지 단 하루도 쉬지 않고 헬스장에 가서 두세 시간씩 운동을 했다. 오죽 열심히 했으면 주변 동기들이 그만 좀 하라고 이야기할 정도였다. 훈련을 나가서 헬스장을 못 가는 상황에서는 야외에서 맨몸 운동이라도 했었다. 그렇게 매일같이 열심히 운동을 한 결과 전역을 할 때는 우리 부대 몸짱이란 소리를 들을 정도로 몸을 끌어올렸다.

하지만 나는 만족하지 못했고 여름에는 무조건 보디프로필을 찍어보겠다는 목표를 세웠다. 40일 동안 보디프로필 준비를 했는데 체지방률을 단기간에 13%에서 5%까지 뺐고 오히려 근육량은 증가시켰다. 40일 동안 내가 먹을 수 있는 것은 오로지 고구마와 닭가슴살 그리고 아몬드였다. 정말 힘든 순간이 많았다. 사람 몸에 에너지가 없으면 두뇌 회전이 되지 않고 아무것도 못한다는 것을 처음 느꼈다. 또 사람들을 만날 때면 나는 항상 도시락을 싸서 다녔다. 독한 녀석이라는 이야기를 정말 많이 들었다.

그렇게 40일간의 노력 끝에 나는 멋있는 보디프로필을 찍을 수 있었고 주변으로부터 대단하다는 인정을 받을 수 있었다. 어디를 가든지 몸이 좋다는 이야기를 들었고 대단하다고 말해주었다. 그 순간, 예전에 느꼈던 어떤 감정이 들었다. 바로 내가 첫 태권도 전국대회에서 1등을 하던 순간에 느꼈던 감정이었다. 인정받기를 좋아하는 욕심 부자 손동휘가 다시금 인정을 받는 맛을 느낀 것이다.

이때부터 나에게는 새로운 목표가 또 생겨버렸다. 서른 살이 되기 전까지 피트니스 분야에서 1등을 해보겠다는 목표다. 목표가 생긴 이후로 나는 하루도 쉬지 않고 매일 헬스장을 간다. 주 6일을 웨이트 훈련을 하고 일요일은 유산소 운동을 하며 몸을 관리하고 있다. 사실 정말 쉽지 않은 도전이다. 매번 운동이 끝나면 쓰러질 것 같은 몸을 이끌고 업무를 본다. 전보다 더 무거운 무게를 들기 위해서 악을 쓰며 운동을 한다. 하체 운동을 하는 날에는 토하기 일쑤다.

하지만 목표를 이루기 위해서 가장 중요한 것이 '꾸준함'이라는 것을 이미 알고 있는 나는 항상 쉬지 않고 달려 나가려고 한다. 이제는 오히려 목표가 없는 삶은 상상이 안 될 정도다. 1등을 해보겠다는 꿈이 나의 20대 인생에 활력을 불어넣어주고 있다. 매번 헬스장을 갈 때 다시금 1등의 자리에 오르는 손동휘를 상상하며 매일매일 고통을 이겨나가며 성장하고 있다.

준비는 끝났고 남은 건 도전뿐

군 전역을 하고 가장 먼저 든 생각은 '이제는 정말 돈을 벌어야겠다'였다. 스물여섯 살인 내 주변에는 이제 슬슬 취업도 하고 장사를 시작하여 경제활동을 시작하는 사람들이 많아졌다. 그런 모습을 보면서 '나도 더이상 상상만 하고 꿈만 꾸는 것이 아니라 내 생각을 현실로 만들어야겠다'는 생각이 들었다.

앞서 말했듯이 나는 온라인에서 화장품 장사로 돈을 벌어본 경험이 있었고 안경 박람회에 많이 참석하고 안경 공장들과 거래를 많이 했기 때문에 안경에 대한 지식이 많다. 이러한 배경 때문에 나는 항상 안경테를 온라인에서 판매해보고 싶었고 성공시키고 싶었다.

한국 고객들을 대상으로 하는 것뿐만 아니라 외국의 안경 도매업체들에게도 판매를 하며 무역을 하고 싶었던 것이다. 하지만 사업다운 사업을 해보고 싶다는 내 포부와는 반대로 내 수중에 있는 돈은 많지 않았고 온라인 장사에 투자할 수 있는 돈이 한정적이었다. 하지만 17만 원으로 시작한 화장품 장사를 성공시켜본 경험이 있는 나는 'Step By Step' 정신을 다시금 떠올렸다. 많은 돈을 투자해서 단기간에 성공을 하려고 하는 것은 위험하다. 느릴지라도 작은 것부터 시작하여 점점 발전시키는 것이 더욱 단단한 사업이 될 것이라 확신했다. 그때부터 나는 다섯 가지 모델을 각 세 장씩만 샘플로 사서 판매를 시작했다. 상세페이지, 제품 사진, 쇼핑몰 디자인 등 모든 것을 직접 만들어서 판매를 시작했다.

그런데 놀라운 일이 생겼다. 바로 판매를 시작한 지 하루 만에 안경테 하나가 팔린 것이다. 그러고 나서 일주일도 안 돼서 한 모델이 다 팔렸다. 수익으로 똑같은 모델을 열 장 더 주문했는데 그것마저도 일주일 만에 다 팔렸다. 한 모델이 소비자의 니즈에 충족했던 것이다.

그때부터 나는 그 모델을 집중적으로 수입했고 어느 정도 매출이 생겼다. 비록 대형 쇼핑몰에 비하면 미미한 수준의 매출이지만 스스로 만들어본 쇼핑몰에서 매출을 만들었다는 것에 나는 희망이 생겼다. 이제 매출을 올리기 위해서 필요한 것은 다양한 모델을 구비하는 것이고, 전문적인 상세페이지를 만들어야 하며, 제품 사진을 더욱 예쁘게 찍어야 한다는 것이다. 광고도 효율적으로 진행하며 많은 소비자들에게 내 상품을 알려야 한다.

지금까지는 준비 단계였고 이제는 실행을 해야 할 때라고 느꼈다. '내 안경 쇼핑몰 사업을 반드시 성공시키겠다'는 새로운 목표는 다시금 나를 설레게 만들었다. 그리고 돈을 만드는 방법을 더욱 연구하게 만들고 있다.

내가 책을 쓸 수 있을까?

나에게 이 책을 쓰는 것도 대단한 용기가 필요했던 도전이다. 처음 책 쓰기를 권유받았을때 '나는 아직 아무것도 이룬 것이 없는데 책을 쓸 수나 있을까? 괜히 비난만 받진 않을까?' 하는 생각이 가득했다. 나에게 책이란 성공한 사람들이나 쓸 수 있는 대단한 것이었다. 언젠간 책을 쓰고 싶다는 생각은 마음속에 있었지만 막상 책을 쓴다고 생각하니 두려움이 앞섰다.

두려움과 걱정 속에서도 '일단 실행하면 좋은 결과가 있을 것이다. 기회는 기다리는 것이 아닌 찾는 것이다'고 느꼈던 경험들이 떠올랐고 나는 또 다시 새로운 목표를 만들었다. '책을 쓰겠다' 나는 요즘 책을 쓰며 설레는 기분을 느낀다. 어린 시절부터 지금까지 내가 겪었고 경험했던 것들, 많은 장애물들이 있었지만 꿋꿋이 다 돌파해냈던 경험들을 책으로 쓰며 가끔은 어린 시절 나에게 대견함까지 느껴진다. 정말 고생했을 때의 이야기를 적을 때면 나도 모르게 눈물이 나기도 한다. 도전하는 매 순간 다 긍정적이고 희망차고 행복하진 않았다. 오히려 성취를 했던 순간을 제외하고는 다시는 겪고 싶지 않을 정도로 힘들었다. 하지만 나는 앞으로도 새로운 도전을 찾을 것이고 성공할 것이다. 도전이야말로 내 인생을 의미 있게 만들어준다고 생각한다. 지금은 '책 쓰기'라는 도전이 무모해 보이고 두려울지 몰라도 몇 년 후에는 내 인생의 또 하나의 소중한 경험이 될 것이기 때문에 나는 도전할 것이다.

사실 도전하는 것은 쉽다. 목표를 정하는 것 또한 쉬울 것이다. 정말 어려운 것은 도전을 하고 난 뒤 성공을 시키는 과정이다. 지금도 새로운 도전인 운동, 온라인 사업, 책 쓰기 모두 성공시키고 싶은 마음은 굴뚝같지만 정말 힘든 과정이 많을 것이다. 생각지 못했던 장애물들이 나타날 것이고 돌파하기 위해 필사적인 노력을 해야 할 것이다. 하지만 나는 힘든 노력과 장애물이 걱정돼서 도전을 하지 않는 어리석은 행동은 하지 않을 것이다. 일단 도전을 하면 동기부여도 생기고 열정이 생기기 때문에 나는 항상 새로운 도전을 찾는다.

3장

셀프 빌드업하는 열 가지 방법

'생존'이라는 간절함을 장착하라

헝그리 정신이 필요한 때

현대 사회에서 '헝그리 정신'을 강조하면 '꼰대' 소리를 듣는다는 말을 들은 적이 있다. 더이상 배고픔을 견디며 성공하는 시대가 아니며 어느 정도 풍족하게 먹고 살 수 있게 된 현대 사회에서는 어울리지 않는다는 것이다.

나 또한 먹을 것이 많은데도 일부러 배를 곯아봐야 성공한다고 주장하려는 것이 아니다. 다만, 풍족한 것에 매몰되어 지금의 풍요를 당연하게 생각하고 이 같은 풍요가 영원히 계속될 것이라는 '안일함'에 빠져 '어떻게든 되겠지'라는 생각과 함께 간절한 마음이나 자세를 갖추는 일이 부족해서는 안 된다고 말하고 싶은 것이다.

다시 말해 내가 말하는 헝그리 정신은 물리적인 굶주림이라기보다는 정신적인 간절함의 결여라고나 할까. 즉, 현대 사회에서 헝그리는 배고픔이 아닌 '간절함'이라는 것이다. 간절함이 사라진 시대, 나는 21세기를 개인적으로 이렇게 정의 내린다.

2020년 도쿄 올림픽 축구 경기에서 한국 대표팀은 8강에서 탈락했는데 일본은 4강전까지 진출했다. 하지만 한일전 축구 경기를 하면 대부분 한국이 이긴다. 일본의 축구가 한국 축구보다 더 많이 발전됐다는 이야기도 많이 들었기 때문에 나는 이해가 더욱 되지 않았다. 그래서 주변 축구 선수들에게 물어보니 한국이 일본을 이길 수 있는 이유는 바로 '정신력'이었다. 이 '정신력'이 바로 '간절함'이다. 일본은 무조건 이겨야 한다는 '간절함'이 승리의 '키포인트'였던 것이다. 일본전에 대한 승리의 간절함이 경기 중인 선수들의 정신력을 끌어올렸고 결국 이길 수 있게 된 것이다.

이러한 정신력을 우리 현대 사회에 접목을 시켜보자. 우리는 지금 '무조건 해내야 한다'라는 간절함이 있을까? 단순히 취업을 위해서, 돈을 위해서가 아닌 무조건 꼭 해내야만 하는 그런 목표 말이다. 나는 성공을 위해 우리가 반드시 가져야 할 스펙이 바로 이 '헝그리 정신'이라고 생각한다. 반드시 이루어야만 하는 간절한 마음은 어떠한 힘든 과정도 버틸 수 있는 끈기를 불러오고 자신의 한계를 극복하는 극기 또한 불러일으킨다.

간절함을 유지하는 나만의 방법

현실에서 간절한 마음을 유지하기에는 어려움이 따른다. '작심삼일(作心三日)'이라는 말이 괜히 있는 게 아니듯 사람은 결심을 하고서 삼일 뒤에는 간절한 마음이 흐릿해지기 쉽다. 나 또한 '작심삼일'을 많이 겪는다. 그때마다 내가 하는 방법은 두 가지다.

첫째, 가장 자주 보고 잘 보이는 곳에 내가 무엇을 이룰 것인지 적어보는 것이다. 무언가 결심했을 당시 간절했던 마음을 최대한 담아 내 목표를 보이는 곳에 붙여두고 계속 본다. 그러면 정신력이 흐트러질 때 다시금 간절했던 마음이 회상되고 '헝그리 정신'이 생겨난다. 태권도에서 1등이 되겠다던 꿈을 가진 그때, 나는 A4 용지에 '전국대회 1등을 한다'를 적고 방문에 붙였다.

어느 날, 정말 피곤하고 훈련하기 싫을 때 그 글씨를 보니 가지 않을 수가 없었다. '아, 나는 무조건 태권도 1등이 된다고 다짐했었는데 지금 피곤하고 힘들다고 안 가면 내가 쉴 때 다른 경쟁자들은 연습하겠지? 1등이 되려면 하루도 쉬면 안 돼' 하며 도장으로 향했다. 이 간절한 목표는 자세하면 자세할수록 좋다. 정확한 수치가 있어야 한다. 예를 들어 '부자 되기'라는 목표보다는 '1,000만 원 모으기' 혹은 '1,000만 원 모아서 ○○해보기'등과 같이 자세히 적어야 한다. 최근 내 방에 붙여진 종이에는 '서른 살 전까지 2억 원을 모아서 나만의 태권도 도장 창업하기'라고 적혀 있다.

둘째, 상상하고 느껴보는 것이다. 간절함이 부족해지고 정신력이 해이해질 때면 나는 그 목표를 이루었을 때를 상상해보고 마치 정말 이룬 것처럼 행복감과 성취감을 느껴본다. 앞서 말했듯이 서른 살 전까지 2억 원을 모아서 태권도 도장 창업하기를 목표로 세웠지만 사실 어린 마음에 당장 좋은 차를 사고 싶고 당장 좋은 옷을 사고 싶을 때가 있다. 그럴 때면 나는 혼자서 상상을 한다. 내가 사치품을 사고 싶은 욕심을 참고 2억 원을 모았을 때 그리고 도장을 창업하여 많은 아이들과 수련생들에게 나의 교육 방식으로 가르쳐서 사람들이 변하는 모습을 볼 수 있을 때, 또한 많은 사람들에게 존경받는 태권도 사범이 됐을 때를 상상하면 간절함이 다시금 생긴다. 만약 간절함을 장착하기 힘들다면 간절한 목표를 이루었을 때를 상상해보고 그 기분을 간접적으로 느껴보자. 그러면 순간의 유혹을 이겨내고 반드시 '초심'을 되찾을 수 있을 것이다.

욕심과 간절함의 경계선

헝그리 정신을 이야기할 때 '금수저'와 '흙수저' 이야기를 빼놓을 수가 없다. 대부분의 금수저들은 많은 것들을 노력 없이 취할 수 있다. 예를 들어 SNS만 보더라도 재력을 과시하는 사람들을 쉽게 볼 수 있을 것이다.

흙수저는 금수저를 보며 부러워하기 쉽다. 흙수저는 아르바이트를 하며 공부를 하고 생활비를 벌어 간신히 하루하루 살아가는 반면 금수저는 생활비 걱정을 하기는커녕 어떤 명품을 살지 고민하고 있으니 말이다. 나 또한 유학 생활을 하며 많은 금수저들이 부러웠다. 내가 당장 생활비를 걱정하고 어떻게 돈을 벌어야 할지 고민하고 있을 때 그들은 편안히 하루하루 즐기며 자신들이 하고 싶은 것들을 다 할 수 있으니 말이다. 때로는 부모님이 원망스럽기도 했을 정도다.

그렇다고 금수저들에게 돈을 많이 벌고 싶다는 욕심이 없는 것이 아니다. 금수저들 또한 돈을 많이 벌고 싶어 하는 욕심이 많다. 오히려 더 많을 수도 있다. "고기도 먹어본 사람이 많이 먹는다"는 말처럼 돈을 가져본 적 있는 금수저들이 오히려 재물에 대한 욕심이 더욱 많은 경우가 있다. 반면 흙수저들에게는 욕심보다는 가난에서 벗어나고 싶은 간절함이 더욱 크다. '엄청난 부호가 되겠다.', '권력자가 되겠다'라는 욕심과 큰 꿈보다는 당장 가난에서 벗어나고 싶어 하는 간절함이 더욱 크다. 바로 이 욕심과 간절함의 차이가 행동에서 나타난다. 그저 더 가지고 싶어 하는 욕심은 열정적인 행동력을 불러일으키기 어렵다. 욕심의 크기에 비해 노력은 부족한 것이다. 하지만 간절한 마음을 가지고 있으면 생존을 위해 노력을 다할 것이다.

그렇다고 일부러 결핍해져야 한다는 말이 아니다. 그 '생존'에 대한 간절함, 즉 '반드시 해내야만 한다'라는 마인드를 가지고 있어야 한다는 뜻이다. 그저 더 많은 것을 얻기 위한 욕심이 아닌, 정말 간절하게 바라는 무언가를 가지고 있는 그 마인드가 필요하다는 말이다. 최상태 저자의 《최고가 되려면 최고를 만나라》(쌤앤파커스, 2013.)에서 할리우드 영화 콘셉트 디자이너 스티브 정이 이런 말을 했다.

"결핍이 창의성을 가져온다. 결핍이 나를 열정적으로 일하게 만들었다. 너무 가난해 제약이 많았고, 기회가 충분히 채워지지 않았다. 그러다 보니 내 몸에서 '해보고 싶다', '이루고 싶다'라는 간절함이 넘쳐났다. 결핍이야말로 성장을 가져다주는 가장 센 동력이다."

이처럼 결핍, 즉 간절한 마음이야말로 열정적으로 일하게 만들어주고 성장을 시켜주는 것이다. 결핍으로 인해 제약이 많았지만, 불평불만하며 포기한 것이 아니라 간절하게 '해보고 싶다', '이루고 싶다'라는 마인드를 가진 것이다. 성공을 하고 싶다면 바로 이 '헝그리 정신'부터 장착해야 한다. 그래야 열정적으로 행동할 수 있다. 그리고 간절한 마인드가 장애물을 돌파할 수 있는 원동력이 되어줄 것이다.

하루 세 번, '나는 할 수 있다'를 외쳐라

시크릿, 자신을 바꿀 수 있는 힘

내가 인상 깊게 읽었던 책 중 하나가 바로 론다 번의《시크릿》(살림Biz, 2007.)이다. 이 책에서 저자는 '끌어당김의 법칙'에 대해 강조한다. '끌어당김의 법칙'이란 모든 것은 생각하는 대로 끌어당김이 생기고 그것이 현실이 된다는 것으로 '마음으로 원하는 것을 생각하고 그 생각을 마음에 가득하게 할 수 있다면, 그것이 당신의 인생에 나타날 것이다'라고 저자는 강조한다. 나는 이 책을 읽고 나서 론다 번의 '끌어당김의 법칙'을 나에게 맞는 법칙으로 바꾸어 적용했다. 그것은 바로 '나는 할 수 있다의 법칙'이다.

사람들이 원하는 것을 얻지 못하는 가장 큰 이유는 원하는 것보다 원하지 않는 것을 더 많이 생각하기 때문이라고 저자는 말한다. 웬 뚱딴지 같은 소리인가 싶기도 하지만 곰곰이 생각해보면 사실이다.

우리는 어떠한 목표를 가질 때 혹은 가지고 있을 때 성공할 수 있다는 생각보단 오히려 '잘 안 되겠지, 될 리가 있어? 설마 되겠어?' 하는 식의 걱정과 부정적인 생각을 더 많이 하게 된다. 예를 들어 내가 '태권도 1등이 되겠다!'라고 목표를 정할 때 '태권도 1등이 될 수 있을까?', '지방 출신 선수는 한 번도 1등을 한 적이 없다는데 나라고 할 수 있을까?', '1등을 못하면 그다음엔 어떻게 하지?' 등 여러 가지 비판적인 사고와 의심이 들기 마련이다.

저자는 바로 이러한 부정적인 생각이 부정적인 결과를 끌어당기게 되어 있고 현실에서 실패를 맛보게 된다고 주장한다. 따라서 매사에 긍정적이고 확신에 찬 생각을 지니고 있으면 좋은 결과를 끌어당겨 성공을 할 수 있다는 것이 《시크릿》에서 말하는 핵심 내용이다.

2016년 리우 올림픽 펜싱 경기 결승전을 보며 나는 다시금 끌어당김의 법칙의 중요성을 느꼈다. 대한민국의 박상영 선수가 결승전에서 3분 남은 시점의 점수는 9 대 13이었다. 15점을 먼저 내는 사람이 이기는 펜싱 경기에서 큰 점수 차였고 사실상 질 것 같은 느낌이 강했던 순간이다. 그때 바로 온 국민을 감동시킨 장면이 나왔다. 바로 박상영 선수가 숨을 몰아쉬며 "할 수 있다"라는 말을 주문처럼 외웠던 것이다. 그 이후 기적처럼 14 대 14까지 동점을 만들었고 마지막 한 점, 심판의 "시작" 구령에 박상영 선수가 상대의 머리를 먼저 찔러 금메달을 목에 걸었다. 주변의 그 누구도 승리할 수 있다고 확신하지 못했던 그 순간, 박상영 선수는 스스로에게 '할 수 있다'고 확신에 가득 찬 주문을 외웠고 그것이 현실로 이루어졌다.

긍정적인 마인드의 중요성에 관한 일화 중 내가 가장 좋아하는 이야기는 바로 정주영 회장과 박정희 전 대통령의 일화다. 박 전 대통령은 석유를 확보하기 위해선 사우디아라비아와의 교류가 필요해 건축 관계자들을 사우디에 파견했다. 답사를 다녀온 관계자들은 사우디가 무척 더워서 근로자들이 일하기 힘들고 생존과도 연결되는 물이 귀해 시장 개척이 어렵다고 보고했다. 박 전 대통령은 보다 정확한 판단을 위해 정주영 회장을 다시 파견했는데 보고 내용은 이전 관계자들과 완전 달랐다. 사막이기 때문에 공사에 필요한 모래와 자갈을 얼마든지 쉽게 구해 쓸 수 있고 비가 적게 내려 1년 내내 일을 할 수 있다는 것이다. 이에 박 전 대통령은 물이 귀하지 않냐고 물었고, 정 회장은 물은 배로 실어가면 된다고 답했다. 또 너무 더워 힘들지 않냐는 질문에도 낮을 피해 밤에 일하면 된다는 해답을 제시했다. 정주영 회장은 남들이 안 된다고 힘들다고 생각할 때 긍정적인 마인드로 모든 장애물을 해결할 수 있었던 것이다.

이러한 긍정적인 사고는 남들과 다른 차별점을 만들어 주고 그로 인해 남들이 잡지 못한 기회를 잡을 수 있게 하며, 어떠한 장애물도 돌파해낼 수 있는 힘을 키워준다.

매일 아침, 매일 밤 세 번만 외쳐라

누구나 아침에 일어나 외출하기 전에 거울을 보고 나간다. 더러는 하루에도 몇 번씩 거울을 꺼내 외모를 살피는 사람도 많다. 외모가 자신을 보여주는 일차적인 모습이기 때문일 것이다.

하지만 매일 아침 거울을 보면서도, 정작 거울을 통해 자신의 눈을 쳐다보며 대화를 해본 경험은 적을 것이다. 나는 아침마다 거울 속의 내 눈을 쳐다보며 이렇게 주문을 걸듯 같은 말을 세 번 외친다. "나는 할 수 있다. 할 수 있다. 할 수 있다!" 이렇게 세 번을 외치면 정말 어떤 일이든 할 수 있을 것이라는 자신감이 생기고 긍정적인 마음이 솟구친다.

나는 나만의 '나는 할 수 있다의 법칙'을 일찍이 활용해왔다. 어린 시절부터 내가 매일 아침, 저녁으로 하는 것이 바로 이 '할 수 있다'였다. 매일 아침과 자기 전 나는 화장실 거울을 바라보며 '할 수 있다'고 세 번씩 말했다. 이때부터 생긴 습관이 현재 나에게 목표를 정하고 이루기 위해 행동하는 순간에 굉장히 긍정적인 사고를 가지게 할 수 있는 원동력이 되었다.

'나는 할 수 있다'를 실천하는 방법은 굉장히 쉽다. 바로 아침에 일어나 씻기 전, 하루를 시작할 때 거울 속 자신의 눈동자를 똑바로 쳐다보고 확신에 찬 목소리로 말을 한다. "나는 할 수 있다. 할 수 있다. 할 수 있다!" 여기서 중요한 점은 바로 확신에 찬 목소리여야 한다는 것이다. 사람들은 조금은 이상한 습관이 있는데 바로 지인에게 조언을 해줄 땐 긍정적인 생각을 전달하는데 스스로에게는 부정적인 생각을 심어준다는 것이다. 친구에게는 "너는 할 수 있어", "너는 능력 있는 사람이야"라고 이야기하지만 본인에게는 "할 수 있을까?", "나는 능력이 부족해"라고 이야기할 때가 많다. 거울을 보며 나 자신에게 이야기할 때는 친구에게 조언해주듯이 확신에 찬 마음으로 "나는 할 수 있다"라고 말해야 한다.

또한 우리의 뇌는 잠을 잘 때 가장 활발히 활동한다. 그렇기 때문에 자기 전에도 "나는 할 수 있다"라고 확신에 찬 목소리로 거울 속 자신에게 이야기해주면 긍정적인 사고가 항상 가득할 것이고 이는 성공을 끌어당겨줄 것이다. 명상을 하는 것이 가장 좋은 방법이지만 바쁜 현대인들의 일상에서 아침에 5~10분간 명상을 하는 것은 사실 어려운 일이다. 명상은 정말 중요한 목표를 앞두고서 긴장이 되고 부정적인 사고들이 자꾸 떠오를 때 이용하면 좋다. 한마디로 그때그때 선택적으로 활용하면 좋은 방법이다.

아침에 일어나 거울을 보며 "나는 할 수 있다"를 하기도 힘들다면 일어나고 잠잘 때 속삭이듯이 “나는 할 수 있다”를 외치는 더욱 쉬운 방법도 있다. 처음엔 자신에게 이야기를 해주는 습관을 가지고 점점 거울을 보며 확신을 주면 된다. 이렇게 ‘나는 할 수 있다’는 굉장히 쉽게 만들 수 있는 습관인 동시에 인생에 엄청난 영향을 미치는 습관이기도 하다.

유일하게 무조건 내 편일 수 있는 사람

‘이 세상에서 유일하게 어떤 상황에서도 무조건 내 편이 될 수 있는 사람이 누굴까?’

주변 사람들에게 물어보면 대부분의 대답은 ‘부모님’, ‘가장 친한 친구’, ‘가족’ 등이라고 답한다. 물론 틀린 말은 아니지만 전제 조건을 다시 한번 보면 정답이 아니라는 것을 알 수 있다. 바로 ‘어떤 상황에서도 무조건’이라는 것이다. 세상에 일어나는 일들을 보면 부모 자식 관계에서도 연을 끊고 살아가는 사람들도 있고, 친구에게 배신을 당한 사연도 많으며, 재산 문제로 가족들과 재판을 하는 경우도 있다. 이처럼 좋은 상황이 아닌, 어떠한 상황에서도 조건 없이 내 편이 되어 줄 수 있는 사람은 세상에 유일하게 딱 한 사람이다. 그 사람은 바로 ‘나 자신’이다.

이렇게 중요한 사람이 스스로에게 부정적인 사고를 심어주면 절대 성공할 수 없게 된다. 그 어떠한 사람이 격려를 하고 응원을 해주더라도 본인 스스로가 조금이라도 '할 수 없을 것 같다'라는 생각을 가지게 되면 성공하기 어렵다. 어떠한 악조건 속에서도 스스로에게 '할 수 있다'라는 마인드를 심어주자. 모두가 안 된다고 하는 그 순간에서도 스스로만큼은 '할 수 있다'고 응원해주자. 매일 아침과 자기 전, 거울을 통해 나 자신과 이야기하며 너는 반드시 할 수 있고 해낼 것이라고 확신이 담긴 응원을 하면 모든 세상이 나 자신을 도울 것이고 목표했던 것을 반드시 이루어낼 수 있을 것이다.

생각도 계획도 실행도 '스스로' 하라

과연 얼마나 스스로 생각하고 실행할까?

내가 화장품 장사와 안경 사업을 진행할 때 직면한 가장 큰 어려움은 바로 '생각하기'였다. 장사를 할 때 가장 중요한 포인트는 바로 '어떻게 소비자의 마음을 구매로 전환시킬까?'였다. 우리 제품과 타사 제품의 똑같은 점을 백 번 말한다고 해서 소비자들은 절대 구매하지 않는다. 그렇기에 나는 특별한 차별점을 만들어내야만 했다. 그 차별점은 아무도 가르쳐주지 않고 오로지 스스로 생각해내야 한다. 그것이 전략이다.

예를 들어 한 사람이 장사를 시작하려고 마음먹었다고 생각해보자. 최근 온라인 사업이 접근하기 쉽기에 온라인 사업을 하겠다고 마음먹었다고 가정해보자. 이 사람은 옷 입는 것에 관심이 많기 때문에 의류 쇼핑몰을 하기로 정하고 동대문 도매시장에 가서 예쁜 옷을 사입한 뒤 쇼핑몰을 만들기 위해서 여러 플랫폼에 입점을 한다. 그 후 옷 사진을 찍고 상세페이지를 만들어서 상품을 올린다. 이게 가장 흔한 온라인 사업 진행 방식이다. 하지만 주문은 들어오지 않고 매출은 한동안 계속 0원이다. 올리기만 하면 팔릴 것 같은 기대에 부푼 생각과는 반대로 사람들이 보지도 않고 많이 보더라도 정작 사는 사람은 없는 상황일 것이다. 대부분의 온라인 사업을 진행한 사람들이 이러한 경우를 많이 겪는다. 과연 이때 무엇이 잘못되었을까? 바로 '생각이 없었다'이다.

나 역시 처음엔 그랬다. 처음 온라인 사업을 할 때는 그냥 막연히 상품을 올리면 잘 팔릴 것 같은 기대감에 가득했지만 현실은 그렇지 않았다. 상품 판매가 잘되지 않을 때 나는 계속해서 '왜'라는 질문과 '어떻게'라는 해결책을 강구했다. 차별점을 만들려면 '생각'의 양과 질이 높아야 함을 느꼈다. 이후 나만의 차별점을 만들어내 업그레이드했더니 판매가 점차 늘었다. 나는 이렇게 스스로 사고하고 이를 바탕으로 계획을 세우고 실행하는 것이 바로 전략이라고 생각한다.

‘어떻게’ 생각할까?

그렇다면 생각은 ‘어떻게’ 해야 잘하는 것일까? 좋은 아이디어와 전략은 한순간에 떠오르지 않는다. 끊임없이 ‘왜’라는 질문을 하며 스스로의 사고 능력을 길러야만 좋은 아이디어가 떠오를 수 있을 것이다. 또한 아무런 지식이 없는 상황에서는 생각만 한다고 해서 좋은 아이디어가 떠오르지 않는다. 자신의 경험과 스스로 사고할 수 있는 능력이 맞물렸을 때 비로소 자신만의 전략과 아이디어가 나올 수 있다.

나의 경험을 예로 들면, 나는 안경 판매 아르바이트를 약 3년간 했다. 손님들에게 직접 안경테를 팔면서 각 소비자의 얼굴형에 따라 안경을 추천해주었고, 안경테에 대한 소비자들의 불만사항도 많이 들었다. 소비자들이 주로 말하는 문제는 바로 ‘비싸다’였다. 안경테는 수작업이 많이 들어가는 상품이기 때문에 인건비로 인해 가격이 비싸다. 하지만 중국에서 유학을 하고 있던 나에겐 오히려 기회로 보였다. ‘인건비가 저렴한 중국에서 좋은 품질의 안경테를 직접 만들어서 판매하면 소비자의 니즈를 충족시킬 수 있지 않을까?’라는 생각이 떠올랐고 나는 바로 계획을 세우기 시작했다.

중국에서 안경테를 만드는 공장에 직접 연락하고 방문하여 디자인이 예쁘고 품질이 좋은 안경테를 고르기 시작했다. 한국에서는 오프라인 안경원은 안경사 자격증이 있어야만 운영할 수 있는 보건법이 있기 때문에 온라인 사업을 하기로 결심했다. 또한 온라인은 월세가 없기 때문에 더욱 저렴하게 판매할 수 있다는 장점이 있었다. 이렇게 나의 차별점이 생겼고 상세페이지에 다 담아내려고 노력했다. 남들이 따라 하지 못하는, '미국과 중국 그리고 한국 등 전 세계 공장에 직접 돌아다니며 주문을 넣어 좋은 안경테를 합리적인 가격에 제공한다'라는 콘셉트를 생각해냈다. 그리고 그 전략이 통했는지 매출이 잘 나왔다.

직장생활도 똑같다고 말할 수 있다. 스스로 생각해서 선택한 회사가 아닌, 그저 돈을 목적으로만 다니는 회사라면 업무를 원활히 하지 못하고 본인의 일에 충분히 몰입하지 못할 것이다. 당장 몇 년간은 월급을 받으며 살 수 있겠지만 10년 뒤, 20년 뒤를 생각한다면 그러한 회사에 오랫동안 있는 것은 미래를 대비하지 못한 행동일 수 있다.

모든 것은 '왜?'라는 물음에서 시작된다고 생각한다. '나는 왜 태어났지?', '나는 왜 공부를 하지?', '나는 왜 돈을 벌지?', '나는 왜 이 회사에 취업하려 하지?', '나는 왜 이 사업을 하고 싶지?' 등 모든 것에 '왜?'라는 질문을 해보아야 한다. 이렇게 스스로에게 질문을 던지고, 그 물음에 답을 할 수 있는 사람은 계획도 스스로 세울 것이며 실행 또한 스스로 할 것이다. 그렇다면 어떻게 스스로 생각할 수 있는 힘을 기를 수 있는지 알아보자.

생각을 키우는 두 가지 방법

내가 스스로 생각하는 능력을 기르기 위해 사용하는 방법은 바로 'WWH 공식'이다. WWH 공식이란, 일상생활과 같은 모든 상황에서 What, Why, How를 생각해보는 방법이다.

예를 들어 식당에 들어갔다고 가정해보자. 맛집으로 유명한 식당을 갔더니 몇 시간 동안 줄을 서서 기다려야 한다. 보통 사람들은 맛집에서 맛있는 음식을 먹고 행복감을 느끼며 계산을 하고 나온다. 하지만 나는 조금 다르다. '줄을 서서 기다릴 만큼 유명한 맛집은 무엇이 다를까?'부터 알아보고 싶어진다. 그럴 때 가장 먼저 해야 할 것은 '내가 무엇을(What) 생각하고 싶은가?'를 명확하게 정해야 하는 것이다. 예컨대 '이 식당이 사람들이 몇 시간을 줄 서서 먹을 만큼 유명한 이유'를 알아보자고 생각해야 한다. 그다음 할 생각은 'Why?', 즉 '왜?'라는 질문을 수없이 던져야 한다. 기다리는 순간부터 계산하고 나오는 순간까지 '왜?'라는 질문을 스스로 계속한다. 가령 '왜 사람들이 대기표를 뽑고 기다릴까? 맛있어서 그런가? 서비스가 좋나? 인테리어가 독특한가?' 혹은 '왜 가격이 저렴할까? 왜 직원은 00명 있을까? 왜 이 장소에서 운영을 할까?' 등 수많은 질문들을 스스로에게 던져본다.

그러고 나서 그다음 단계인 'How'를 하면 된다. '어떻게 맛있게 요리를 할까?, 어떻게 차별화를 만들었을까?, 어떻게 마케팅을 했을까?' 등 여러 가지 질문들에 대한 방법적인 것을 스스로 생각하고 알아보면 된다. 여기서 중요한 점은 '모든 상황에서 적용해보기'다. 본인이 업무를 할 때든, 장사를 할 때든, 공부를 할 때든 모든 상황에서 적용해보는 것이다.

나는 어릴 적부터 "어린 나이에 어떻게 그런 계획과 꿈이 다 있냐?"라는 말을 주변 사람들에게 많이 들었다. 내가 생각했을 때 그 이유는 바로 'WWH' 공식 때문이다. 나는 명상하는 것을 참 좋아한다. 생각이 복잡해지고 내 생각대로 흘러가지 않을 때면 나는 명상을 한다. 명상을 할 때면 나는 딱 한 가지 생각만 한다. 바로 '나는 누구이며 왜 태어났을까?'다. 편안한 마음으로 내가 '이 세상에 왜 태어났을까? 무엇을 하기 위해 태어났을까?' 그렇게 생각을 하면 내 꿈이 생기고 그다음엔 'How?'를 생각하게 된다. 이렇게 스스로 생각하게 되면 모든 문제를 돌파할 수 있는 힘이 생기고 자신만의 인생을 살 수 있을 것이다.

또 한 가지의 방법은 바로 '인문학 책 읽기'다. 인문학은 쉽게 말해 사람 살아가는 이치와 도리에 관련된 학문이다. 사람들이 살아가는 이치와 방식에 대한 공부를 하면 스스로 현상을 보고 생각하며 답을 내릴 수 있는 지혜가 생기고 그것은 모든 장애물을 돌파할 수 있는 강한 능력이 될 것이다. 《논어》, 《도덕경》, 《손자병법》 등 다양한 인문학 책이 있는데 최근에는 쉽게 풀어서 해석된 책들도 많으니 꼭 읽기를 추천한다.

하버드의 생각 수업에서 배우다

미국의 하버드대학교에서는 '생각'이라는 수업이 있다고 한다. 그만큼 인재가 되기 위해 정말 중요한 포인트가 바로 '스스로 생각하는 능력의 유무'라고 생각된다. 그렇다면 왜 스스로 생각하는 것이 중요한가에 대해 생각해보면 나는 바로 '아이디어' 때문이라고 생각한다.

4차 산업혁명의 시대에는 '기존에 있던 것이 아닌 완전히 새로운 것을 만들어낼 수 있느냐?'가 가장 중요한 점이 아닐까 생각한다. 남들이 다 알고, 다 하는 그런 것이 아닌 완전히 판을 바꾸어버리는 획기적인 '아이디어'의 중요성이 더욱 강조될 것이다. 바로 이 '아이디어'를 만들어내는 요소가 바로 '스스로 생각하기'라고 생각한다. 뉴턴이 나무에서 떨어지는 사과를 보고 그저 맛있는 사과에만 집중했다면 만유인력의 법칙을 연구하지 않았을 것이다. 그 사소한 일상에서 사과가 떨어지는 것을 보고 '왜 사과가 떨어질까?'를 생각한 것이 만유인력의 법칙을 연구하고 밝혀낸 계기가 된 것이다.

우리도 하버드 학생들처럼 스스로 생각해보는 능력을 길러보자. 모든 것에 '왜?'라는 질문을 하고 생각해보고 답을 알아보자. 생각하는 능력이 있다면 사업을 하든 직장생활을 하든 공부를 하든 모든 것에 답을 찾아내 실행에 옮길 수 있을 것이다.

몸을 컨트롤하라

사람은 누구나 게으르다

솔직하게 하나 고백하자면 나는 스스로 생각했을 때 정말 게으른 사람이다. 혼자서 집에 있으면 나는 정말 게을러진다. 조금만 더 쉬고 싶어지고 빈둥거리고 싶어진다.

남들이 나를 볼 때면 "저렇게는 못 살아"라고 할 정도로 열심히 사는 것처럼 보이지만 사실 집에 혼자 있을 때는 게으른 본성이 나도 모르게 튀어나와 일을 자꾸만 미루고 싶은 마음이 생긴다. 하루 종일 침대에 누워 핸드폰을 보며 시간을 보내고 사람들과 함께 식사를 하지 않고 배달 음식을 시켜먹으며 하루를 다 보낸 적도 있다. 그럴 때면 어느 순간 밤이 찾아오는데 아무것도 하지 않고 맞이하는 밤은 정말 착잡했다. 나 자신이 오늘 하루를 그냥 흘려보낸 것 같은 한심한 감정도 들고 아쉬운 마음도 생긴다. 아침을 시작할 때는 분명 귀찮아서 일을 미루고 싶었지만 막상 하루를 마무리하는 저녁이 오면 후회스러운 마음이 크다.

게으름은 사람의 본성이다. 누구나 쉬고 싶고 아무것도 안 하고 싶은 게으른 마음이 있다. 하지만 실제로 게으른 사람과 부지런한 사람의 차이는 그것을 어떻게 받아들이냐에 있다. 게으른 사람은 '아, 나는 게으른 성격이니까 부지런하게는 못 살 것 같아'라는 생각을 하고 부지런한 사람은 '귀찮고 미루고 싶지만 해야 하는 일이니까 얼른 끝내야지'라는 생각을 한다. 즉, 실제로 게으른 행동을 하는 사람은 생각이 몸을 컨트롤하지 못해 행동이 게을러지는 것이고 부지런한 사람은 생각이 몸을 컨트롤해서 부지런한 행동이 나오게 된다. 그렇다면 과연 게으른 본성을 어떻게 이길 수 있을까?

일단 몸을 움직여라

게으른 내 몸을 이길 수 있는 정말 쉬운 방법이 있다. 바로 '일단 몸을 움직이는 것'이다. 게으른 생활을 해본 내가 생각했을 때 중요한 순간은 바로 '아침'이다. '기상 직후'가 하루의 모든 것을 결정한다고 해도 과언이 아니다. 내가 보통 게으른 하루를 보냈을 때의 아침을 생각해보면 일어나서 옆에 있는 스마트폰을 켜서 유튜브 영상을 본다. 그렇게 영상을 보다 보면 배가 고파지고 밖에 나가기엔 귀찮아서 배달 음식을 시켜 먹는다. 밥을 먹고 나면 졸음이 쏟아져 낮잠을 자고 일어나면 하루의 절반을 날려버린다. 이렇듯 기상 직후에 어떤 '행동'을 하는지가 부지런함을 결정하는 중요한 요소다.

"세상을 바꾸고 싶다면 침대부터 정돈하세요." 미 해군 대장 윌리엄 맥레이븐(William McRaven)의 연설 중 이런 말이 나온다. 나는 이 말에 적극 동의한다. 세상을 바꾸고 싶은 원대한 꿈이 있다면 기상 직후 침대부터 정돈하는 습관을 만들어야 한다. 침대 정리를 하려면 일단 몸을 움직일 수밖에 없다. 일단 몸이 움직여지면 게으른 마음이 사라지고 잠에서 확 깨어날 수 있다. 하루의 시작부터 게으른 마음을 이겨내고 침대 정리를 마쳤다는 생각에 성취감마저 들고 자신감이 솟구칠 것이다.

어느 날 아침에 일어났는데 정말 귀찮아서 잠시만 더 누워 있고 싶은 생각이 들었다. 그래도 일단 몸을 일으켜서 침대 정돈을 했는데 정말 신기한 일이 일어났다. 일단 일으켜서 침대 정돈을 하니 침대에 다시 눕고 싶다는 생각이 싹 사라진 것이다. 그래서 일단 샤워를 하고 나오니 몸이 정말 개운한 것이다. 그렇게 나는 하루를 알차게 보낼 수 있었는데 가장 중요한 포인트가 바로 기상 직후 몸을 강제적으로 일으켜 침대 정돈을 한 것이다. 만약 내가 기상 직후 유튜브를 보고 뒹굴거렸다면 하루를 그냥 날려버렸을 것이다. 이처럼 기상 직후 일단 몸을 움직여 하루를 시작하는 것은 게으름을 극복할 수 있는 가장 쉬운 방법이다.

규칙적으로 운동을 하는 습관 만들기

흔히 '몸짱'이라고 하면 연예인 김종국이 떠오른다. 그는 허리 디스크 때문에 운동을 시작했는데 현재는 매일 규칙적으로 운동을 하는 '운동 마니아'다. 그런 그가 한 TV 프로그램에서 "운동을 하는 것은 당신의 인생에 운동이 추가된 것이 아니라 새로운 삶을 사는 것이다"라고 말한 적이 있다. 나 또한 몸을 만들고 규칙적으로 운동을 하면서 새로운 삶을 살고 있다고 많이 느낀다.

내가 느낀 운동은 단지 몸을 멋있고 예쁘게 만들 수 있을 뿐만 아니라 정신 건강에도 매우 도움을 주는 것이다. 운동을 규칙적으로 하면 정말 새로운 삶을 살 수 있다. 시간 관리, 체력 증진, 성취감 및 자존감 상승, 건강한 식습관 등 삶을 전반적으로 좋게 만들어준다.

나는 매일 두세 시간씩 운동을 한다. 운동할 여유가 없을 때는 새벽에 일어나 운동을 다녀온 후 하루 일과를 시작한다. 그러다 보니 운동 때문이라도 다음 날 무엇을 하는지, 몇 시에 무엇을 해야 하는지 계획을 짜야 한다. 운동 시간을 만들어야 하기 때문이다. 이로 인해 자연스럽게 시간 관리를 스스로 하게 되었다. 또한 운동을 규칙적으로 하니 당연히 체력이 향상되었고 장시간 업무에 몰입할 수 있게 되었다. 몸이 점점 좋아지니 주변 사람들이 대단하다고 인정해주니 자존감도 상승했다. 자존감이 올라가니 뭐든지 할 수 있을 것 같다는 자신감이 생겼고 어떤 일이든 긍정적으로 생각할 수 있게 되었다.

또한 운동을 하면 항상 성장한다. 저번보다 더 무거운 무게를 들 수 있게 되었고 과거보다 더 성장한다. 눈에 보이는 성장을 느끼면 성취감과 함께 엄청난 행복감이 든다. 운동을 열심히 하다 보니 식습관도 건강하게 바뀌었다. 몸에 좋은 음식과 영양제를 챙겨 먹게 되었고 내 몸과 정신은 항상 100% 효율을 발휘할 수 있는 상태가 됐다. 이처럼 규칙적인 운동은 삶을 완전히 바꿀 수 있는 강력한 방법이다. 하지만 직장인들에게는 정말 어려울 것이라고 생각된다. 나 또한 직장생활을 한다면 무조건 규칙적으로 운동을 할 수 있을지 확신할 수는 없다. 매일 업무에 시달리고 야근에 몸이 지쳐 있는 상태에서 체육 시설에 가서 운동을 하는 것은 정말 힘들 것이다. 하지만 내가 말하는 것은 '매일 운동을 해야 한다'는 것이 아니라 '규칙적으로 운동을 해야 한다'라는 것이다. 처음부터 완벽하게 너무 힘들게 할 필요는 없다. 점진적으로 바뀌면 된다.

처음부터 '주 6~7일 운동을 하겠다!'라는 목표를 세우면 작심삼일이 되기 쉽다. 처음에는 주 1~2회 운동 계획을 세우면 된다.

그렇게 운동을 하다가 그것이 습관이 되면 주 3~4회로 도전해보고 점차 규칙적으로 시간을 만들어내면 된다. 만약 주 1~2회 운동 계획을 세웠는데 헬스장에 못 갔다고 해서 낙심할 필요는 없다. 그냥 방에서 홈트레이닝을 해도 괜찮다. 일단 스스로에게 운동은 쉽고 재미있다는 인식을 심어주어야 금방 습관으로 자리잡을 수 있을 것이다.

몸을 컨트롤할 수 있는 능력

게으른 마음을 이겨내고 일단 몸을 움직여 아침을 시작한다면 삶이 달라질 것이다. 매일 어떻게 일어나고 어떻게 하루를 시작 하는지가 성공에 엄청난 영향을 미친다. 뇌가 몸을 이겨내 하루의 시작을 성취와 함께 시작한다면 긍정적인 삶을 살게 될 것이다. 이처럼 아침에 일어나는 방식을 바꾸는 것만으로도 삶을 완전히 바꿀 수 있을 것이다. 이와 함께 규칙적인 운동을 통해 한계를 극복해서 계속 성장해나가는 습관을 만들면 뇌가 몸을 완벽히 컨트롤할 수 있을 것이다.

몸을 완벽히 컨트롤할 수 있는 능력을 가진다면 엄청난 자신감이 생길 것이고 이는 자신의 한계를 넘을 수 있는 원동력이 될 것이다. 즉, 인생을 감정에 따라 타의적으로 살아가는 것이 아닌, 내 생각대로 주도적으로 살아갈 수 있을 것이다. 모든 사람은 게으른 생각을 가지고 있지만 성공한 사람들 중에 게으른 행동을 하는 사람은 없다. 우선 몸부터 주도적으로 컨트롤하여 인생을 주도적으로 살아야 한다. 나의 세상을 원하는 대로 컨트롤하고 싶다면 일단 몸부터 컨트롤해보자.

자신이 잘하는 것을 무기 삼아라

좋아하거나 잘하는 것이 없는 사람들

나에게 "너는 잘하는 것이 있으니 부럽다. 나는 잘하는 게 무엇인지, 좋아하는 게 무엇인지 모르겠다"라고 말하는 사람들이 참 많다. 나에겐 '태권도'라는 잘하는 것이 있어 진로가 확실하지만 본인들은 없다는 것이다. 좋아하는 것과 잘하는 것을 모르는 청년들은 생각보다 꽤나 많다.

한국과학창의재단이 '2014년 행복학교 박람회'에 참여한 초·중·고 학생 1,971명을 대상으로 설문조사를 한 결과 '나는 내가 좋아하는 것과 잘하는 것이 무엇인지 알고 있다'라는 질문에 70.1%가 '아니다 또는 전혀 아니다'고 응답했다고 한다. 청소년의 3분의 2 이상이 본인이 잘하거나 좋아하는 것을 모르고 그냥 살아간다는 뜻이다. 2022년 현재에도 별반 달라진 것은 없을 것이다. 이러한 이야기를 통해 나는 어떻게 태권도를 좋아하게 되었고 잘하게 되었는지 곰곰이 생각하게 되었다. 그리고 현실적으로 청소년기에 예체능 특기생이 아닌 이상 평범하게 학교에서 국·영·수 위주의 공부를 하며 시험을 치고 성적을 받아 대학교를 진학하는 학생들이 많기 때문에 어쩌면 본인이 무엇을 잘하는지 찾기 어려운 것이 당연하다고 생각된다.

대학생이 되어도 학점 관리, 아르바이트, 취업 준비 등 상황은 크게 다르지 않을 것이다. 그렇게 취업을 하고 나면 본인이 좋아하는 일을 하는 사람들이 부러워질 것이다. 그렇게 30대가 되고 40대가 되면 좋아하고 잘하는 것을 다시 시작하기엔 두려움이 앞서기 때문에 되도록이면 일찍 자신이 잘하는 것을 알고 준비하는 것이 중요하다고 할 수 있다. 자신이 잘하는 것을 모르는 사람들에겐 그것을 찾는 것이 매우 힘들고 어려운 일일 것이다. 그렇다면 과연 어떻게 자신이 좋아하고 잘하는 것을 찾을 수 있을까?

잘하는 것을 제대로 아는 법

공자의 《논어》에서는"지지자불여호지자 호지자불여낙지자"라는 말이 있다. 지지자(知之者)는 아는 사람, 호지자(好之者)는 좋아하는 사람, 낙지자(乐之者)는 즐기는 사람을 뜻한다. 즉, 아는 사람은 좋아하는 사람만 못하고, 좋아하는 사람은 즐기는 사람만 못하다는 뜻이다. 보통 사람들은 이 글귀를 보면 '나는 즐기는 것이 없어'라고 생각하기 쉽지만 내가 이 글을 읽고 생각한 뜻은 다르다. '먼저 알아야 좋아할 수 있고, 좋아해야 즐길 수 있다'라고 느꼈다. 일단은 무엇인가 알아야 좋아하게 되고 그래야만 즐길 수 있는 것이다.

그래서 첫 번째로 많이 알아봐야 한다. 여기서 많이 알아봐야 한다는 것은 많은 것을 경험해봐야 한다는 뜻도 물론 있지만, 더 나아가 자신을 먼저 알아야 한다는 것이다. 자신이 어떤 사람인지, 무엇을 위해 사는지 모르는 사람은 절대 잘하는 것을 찾을 수 없을 것이다. 흔히 본인이 잘하는 것이 무엇인지 찾을 때 하는 실수가 특정 분야를 생각하는 것이다. 예를 들어, "너는 잘하는 게 뭐야?"라고 질문을 들을 때면 흔히 '미술, 운동, 노래, 춤' 등 특정 분야, 특정 장기에 대해 생각한다는 것이다. 당연히 특기겠지만 타고난 천재가 아닌 이상 처음부터 잘하게 된 것은 아닐 것이다. 그런 분야에 특기를 가지고 있는 사람들은 어떠한 계기로 인해 그 분야의 전문가가 되었을 것이다. 그 '계기', 즉 '동기부여를 일으켰던 원인'이 바로 진정으로 자신이 잘하는 것이라고 볼 수 있다.

나 또한 처음부터 태권도를 잘했던 것이 아니다. 지금 생각해보면 내가 잘했던 것은 남들에게 인정받으려고, 성취하려고 노력하는 것을 잘했다. 또한 혼자서 몰입하는 것을 굉장히 잘했다. 그런데 '송판'이라는 약간의 자존심 상하는 일을 겪었고 그로 인해 남들에게 인정을 받으려고 노력하다 보니 결국 1등을 하게 되었다. 그리하여 태권도는 내가 좋아하는 일이 되었고 잘하는 것이 되었다.

또 다른 예로는 우리 아버지의 일화가 있다. 아버지는 안경업에 종사하고 계시는데 안경은 사람의 얼굴형에 맞게 조정해야 하는 피팅 작업을 해야 한다. 이 피팅 작업을 잘해야 고객들이 만족하여 장사를 잘할 수 있는데 아버지는 손기술이 좋으셔서 고객들의 만족도가 아주 높다. 그런데 충격적인 이야기를 들은 적이 있다. 바로 아버지는 애초에 손기술이 정말 부족한 사람이었다는 것이다. 아버지가 안경업을 선택한 이유는 손기술이 좋아서가 아니라 '눈치 하나는 기가 막히게 빠르고 사람의 심리를 잘 꿰뚫어 봐서 저 사람이 어떤 생각을 하는지 쉽게 파악한다'는 강점이 있었기 때문이라고 한다. 이런 강점이 있기 때문에 장사를 해야 한다고 생각하셨고 대학교를 안경광학과를 졸업하셨으니 자연스럽게 안경 사업을 하게 되신 것이다. 하다 보니 살아남기 위해 매일 연습을 하여 지금의 손기술을 익히게 되신 것이라고 한다.

이처럼 처음부터 어떠한 장기를 특출나게 잘하는 사람은 정말 드물다. 천재가 아니고서는 불가능한 일이다. 모두가 다 똑같다. 그렇기 때문에 정말 잘하는 것을 찾으려고 한다면 '잘하는 것'에 대한 고정관념부터 깨야 한다.

본인이 정말 잘하는 것이 무엇인지 생각해보면 다양한 것들이 나올 수 있다. '남의 이야기를 잘 들어준다', '사람을 잘 설득한다', '맡겨진 일을 철두철미하게 끝낸다' 등 본인이 정말 잘하는 것들이 무수히 많이 나올 수 있을 것이다. 이렇게 내면의 강점을 먼저 알아야 좋아하는 것을 알 수 있고 그것을 즐기면서 무기를 삼을 수 있는 것이다. 그렇다면 탐색 끝에 자신의 강점을 알게 되었을 때 어떻게 하면 그것을 무기로 삼아 살아갈 수 있는지 알아보자.

잘하는 것을 무기 삼는 방법

step 1. 흥미 찾기

자신의 내면의 강점을 알게 된 후 해야 할 것은 바로 '흥미 찾기'다. 본인이 어떠한 분야에 흥미가 있는지 생각해봐야 한다. '흥미'라는 것은 즐길 수 있게 만드는 원동력이 될 것이다. 흥미를 생각해볼 때 단순히 인간의 본성이 포함된 흥미, 재미를 생각하면 안 된다. 가령 맛집 가기, 여행 다니기, 친구랑 놀기 등은 홍미가 아닌 그냥 인간의 본성에 가깝다. 누구나 맛있는 음식을 좋아하고 여행 가는 것을 좋아하며 친구랑 놀면 재미있다. 이런 본성에 가까운 흥미가 아닌 진정한 흥미를 찾아봐야 한다.

예를 들어 '남을 가르치는 것을 좋아한다'거나 '나로 인해 다른 사람이 잘되는 것을 좋아한다'라는 것이 있을 수 있고 '자동차, 전자기기, 예체능' 등 특정한 분야를 굉장히 좋아할 수도 있을 것이다. 이처럼 본인이 진정으로 흥미를 느끼는 것을 정확히 알아야 한다.

step 2. 결합하기

자신의 흥미를 찾았다면 내면의 강점과 흥미를 결합해야 한다. 무작정 자신이 자동차를 좋아한다고 해서 자동차 회사에 취업을 하고 혹은 카센터에 취업을 하면 안 된다. 자신의 내면의 강점과 결합을 잘해야만 한다.

만약 자동차를 정말 좋아하는 사람이 있는데 내면의 강점이 사람들과 잘 소통하고 친화력이 좋다고 가정해보자. 그렇다면 자동차 회사에 취업을 하는 것이 아니라 자동차 영업사원이 되어야 한다. 영업사원으로 일을 하면 자신이 좋아하는 자동차를 계속 연구하고 공부할 수 있고, 사람들과 소통하며 신뢰를 주는 직업에 굉장히 만족을 하면서 일을 할 수 있을 것이다. 또한 그저 좋아하는 것을 흥미라고 생각하면 안 된다. 남들보다 더욱 좋아하고 더 잘 아는 분야여야 한다. 한마디로 취미생활이 아닌 지속적으로 계속 할 수 있는 흥미여야 한다.

현재는 취미생활로 좋아할 수 있지만 그것이 일이 되고 일상이 되는 순간 흥미가 떨어질 수 있기 때문에 잘 생각해봐야 한다. 지속 가능한 흥미인지, 좋아하는 것을 계속해서 연구하고 개발할 수 있을지에 대한 생각을 해야만 한다. 이렇게 내면의 강점과 흥미를 잘 결합한다면 궁극적으로는 자신의 무기를 만들 수 있다.

step 3. 다듬기

결합하기까지 완성했다면 자신의 무기가 하나 생겼을 것이다. 하지만 무기가 생겼다고 해서 끝난 것이 아니라 그 무기를 아주 날카롭게 잘 다듬어야 한다. 나는 내면의 강점인 '인정받고 싶어 한다', '1등이 되기 위해 필사적으로 노력한다'와 '운동'이라는 흥미를 결합하여 '태권도'라는 무기를 가졌다. 하지만 실제로 해외에 나가서 태권도를 가르쳐보고 태권도계에서 1등이 되려고 하니 태권도만 잘해서는 절대 성공할 수 없다는 결론이 나왔다.

태권도 실력이 아무리 좋아도 지식이 없으면 스승이 될 수 없고 지식이 아무리 많아도 재력과 권력이 없으면 협회에서 영향력을 행사할 수 없었다. 이러한 현실을 마주했을 때 나는 '태권도'라는 무기를 다듬어야겠다고 생각했다. 외국어 실력, 장사 및 사업, 해외 유학 등 모든 것들이 바로 무기를 다듬는 과정이다.

나에게 "외국어를 왜 배워야 돼?"라고 물어보는 사람들도 많다. 나는 외국어란 내 무기를 더욱더 날카롭게 만드는 도구라고 생각한다. 내가 영어와 중국어를 못했을 때는 외국에서의 사업과 태권도 센터 창업은 꿈도 꾸지 못했다. 한국에 한정돼 있던 내 시야가 외국어를 함으로써 더 넓어진 것이다.

또한 사업을 하는 이유도 내 무기를 다듬기 위해서다. 태권도만 할 줄 아는 사람은 태권도를 발전시킬 수 없다. 자신의 실력이 아무리 좋아도 지도하는 것과 발전시키는 것은 완전 다른 분야이기 때문이다. 국가대표라고 해서 가르치는 것도 1등일 수는 없는 것처럼 말이다. 태권도를 더욱 발전시키기 위해서는 태권도를 스포츠로만 바라보지 않고 비즈니스로 바라봐야 한다고 생각한다. 수많은 제자를 두고 태권도 발전에 기여하는 사범님들 중엔 태권도 실력이 최고이신 분들보다 비즈니스를 잘하는 사업가들이 더욱 많다.

이처럼 자신의 무기를 잘 다듬어 남들과는 완전히 다른 '차별화된 무기'로 만들어야 한다. 다른 사람들이 생각지도 못한 방법으로 자신의 무기를 잘 다듬는다면 자신의 무기를 마음껏 휘두를 수 있는 날이 올 것이다.

성공과 실패 속에서 경험을 얻는다

Not 결과 But 성장

"실패는 성공의 어머니다", "젊을 때 많은 실패를 해봐라"라는 말을 들어본 적 있을 것이다. 나는 이런 말을 들을 때면 항상 '왜 굳이 실패를 해야 하지? 성공하면 안 되나?'라는 생각이 들었다. 하지만 많은 도전을 해서 성공도 해보고 실패도 해본 지금은 이 말의 의미가 무엇인지 이해한다.

이 말은 실패를 굳이 할 필요는 없어도 실패에 대한 두려움을 없애주기 위한 말이다. 사람들은 도전을 하기 전 항상 설렘과 두려움을 동시에 느낀다. 나 또한 이제껏 도전을 할 때 '혹시나 실패하면 어떻게 해야 하나?'라는 걱정이 늘 앞섰다. 하지만 많은 도전을 해본 결과 나는 도전이라는 말의 진정한 의미를 '현재의 삶도 큰 문제는 없지만 더 나은 자신을 만들고 변화하고 싶어서 어려운 것을 해내는 것'이라고 생각한다. 도전에서는 결과가 중요하지 않다. 물론 성공하는 것이 가장 좋겠지만 실패를 하더라도 안 하는 것보다 얻는 것이 굉장히 많다고 여긴다.

도전은 모든 가능성들의 시작이다

온라인 쇼핑몰 창업에 대해 전혀 모르는 상태에서 태권도 전공자인 내가 온라인 쇼핑몰에 도전했다가 실패를 했다고 가정해 보자. 창업을 하려니 사업자등록도 해야 하고 통신판매업 신고, 사진 촬영, 광고, 상세페이지, 포토샵, 물건 매입, 세금 처리 등 해야 할 것들이 무수히 많다. 그것들을 다 해보고 전략도 세워보고 판매를 시작했지만 결과적으로 도전에 실패했다고 치자.

이후 '태권도 도장 창업'이라는 도전을 새로 하게 된다. 태권도 도장을 창업하려니 새로운 사업자등록을 해야 한다. 이미 온라인 창업을 할 때 해봤기 때문에 사업자등록도 수월하게 하고 광고 또한 경험이 있기 때문에 SNS 광고도 하고 바이럴마케팅도 진행했다. 매주 나누어주는 수련계획표는 포토샵을 해봤던 경험을 통해 수월하게 만들 수 있다. 세금 처리 또한 어떻게 하면 절세를 할 수 있는지 알고 있다.

이처럼 분명 온라인 쇼핑몰은 '실패'했지만 그 실패를 통해서 얻는 것은 많다. 비록 실패했을지라도 도전하는 그 과정 속에서 스스로 더 성장한 것이다. 물론 온라인 창업도 성공하면 베스트겠지만 설사 실패를 했을지라도 도전하기 전보다 훨씬 성장한 것이다.

이 같은 이유로 성공한 사람들이 "실패는 성공의 어머니다"와 같은 말을 하는 게 아닐까 생각된다. 일단 도전을 하면 어제의 당신보다 성장할 것이고 많은 것들을 배울 것이기 때문에 실패에 대한 두려움으로 도전을 꺼려하지 말고 자신 있게 도전하라는 의미다. 목표를 세우고 도전할 때 반드시 100% 성공을 해야 한다는 보장이 있어야 되는 법은 없다. 계획한 것들을 모두 이루지 못했더라도 아무것도 하지 않았을 때와 비교한다면 이미 성장한 것이다.

잘되지 않으면 만 번이라도

'아, 주먹지르기가 왜 이렇게 느리고 정확하지 않지? 뭐가 문제야?' 내가 선수 생활을 할 때 주먹지르기가 마음에 안 들어 스스로에게 화가 나 있을 때 했던 생각이다. 그렇게 혼자 씩씩대고 있으니 사범님께서 "잘 지르고 싶으면 만 번 질러봐라"고 하셨다. 어디가 부족하고 어떻게 질러야 하는지 알려주시지 않고 왜 혼자서 만 번이나 질러보라고 하는지 정말 이해되지 않았다.

사범님의 명령이니 어쩔 수 없이 주먹지르기를 했다. 처음 백 번은 계속 잘되지 않아서 화가 났다. 천 번을 지르니 팔이 너무 아파서 못할 것 같았다. 5천 번을 지르니 더 이상 팔에 힘이 들어가지 않아 팔이 아닌 다른 부위에 힘을 주며 질렀다. 8천 번을 지르니 다른 부위에도 힘이 안 들어가서 허리로 팔을 던지듯이 질렀다. 그런데 그 순간, 팔에 힘을 주고 지를 때보다 훨씬 더 빠르고 임팩트 있게 질러지는 것이다. '왜 이러지?'라는 생각과 함께 정신을 차리고 다시 허리의 움직임을 사용하여 주먹을 지르니 훨씬 더 빠르고 강하게 주먹이 질러졌다. 그날 아침부터 밤까지 훈련 시간 동안 만 번을 다 채우니 나는 주먹지르기를 잘할 수 있는 방법을 깨닫게 되었다.

실패 속에 정답이 있다

나는 사범님의 말씀에 따라 '만 번 주먹지르기'를 도전했다. 내가 원하던 스피드와 파워를 만들어내는 것이 '성공'이라고 한다면 5천 번을 지를 때까지 나는 '실패'했었다. 실패를 계속 하다 8천 번을 지르던 순간, '주먹지르기는 팔이 아닌 허리로 지른다'는 것을 알아냈고 결국 만 번 지르기의 도전은 '성공'으로 끝났다. 나는 이 도전을 통해 '실패 속에서도 경험과 정답을 알 수 있구나'라고 느꼈고 그 덕분에 '실패'에 대한 두려움이 완전히 사라졌다. 이처럼 도전을 하면 실패를 할지라도 그 과정 속에서 자신은 성장할 것이고 이후 인생의 큰 도전을 할 때는 그 실패 속에서 배운 것들이 성공으로 이끄는 원동력이 될 것이다. 하지만 분명 도전을 했다가 실패를 하고 재기하기 어려운 사람들도 많이 있다. 그렇다면 도대체 어떤 도전이 좋은 도전일까?

작은 도전부터 시작하라

"어린 나이에 어떻게 그렇게 많은 경험을 하고 그런 생각을 할 수 있어?" 주변 사람들이 나에게 주로 하는 말이다. 보통 내 또래 친구들의 삶을 들여다보면 대부분이 다 비슷비슷하다. 초·중·고를 다니고 대학을 가고 군대를 다녀오고 대학 졸업 후 취업을 해서 돈을 번다. 이러한 친구들보단 내가 더 다양한 경험을 했고 견문도 비교적 넓은 편이다. 내가 이렇게 많은 경험을 할 수 있었고 비교적 견문도 넓은 이유는 바로 '도전' 덕분이라고 확신한다. 나는 도전하는 것을 항상 즐긴다. 도전이 없는 삶은 상상하기도 싫을 정도다.

흔히 '도전'이라고 하면 엄청 거창한 것이라 생각하는데 도전이 꼭 거창할 필요는 없다. 작은 도전이 오히려 더욱 재미있고 매일 성취감과 교훈을 준다. 여기서 말하는 작은 도전은 '가치'에 대한 크고 작음을 뜻하는 것이 아닌 '욕심'에 대한 크기를 말한다.

도전에는 여러 가지 도전이 있다. 나 자신, 즉 나를 이겨내야 하는 도전, 무언가 성취하기 위한 도전, 금전적인 도전 등이 있다. 나는 이 세 가지 도전을 모두 동시에 해보는 것을 추천한다. 한 가지의 도전만 하는 것이 아니라 모두 해봐야 한다.

처음부터 실력이 준비되지 않았는데 무작정 도전한다면 그것은 도전이 아닌 객기이고 무모함일 뿐이다. 그러니 작은 도전부터 차근차근 성취해야 한다. 가령 자신을 이겨내는 것을 '아침형 인간 되기'로 도전했다면 처음부터 새벽 5~6시에 일어나면 안 된다. 처음엔 '2주간 8시에 일어나기'로 작은 도전을 해보고 성공해봐야 한다. '규칙적으로 운동하기'라는 도전을 한다면 처음부터 '매일 운동하기'를 도전하면 안 된다는 말이다.

또한 금전적인 도전을 하는 경우 최근 내 주변에는 온라인 사업을 하려는 사람들이 참 많다. 뭔가 쉬워 보이고 자유로운 삶을 사는 것 같아서 많이 도전하는 것 같다. 처음부터 자본금 몇 백만 원을 투자하여 쇼핑몰을 창업하는데 이렇게 되면 실패할 확률도 높아지고 이후 실패에 대한 책임을 지기도 어려워진다. 처음부터 많은 자본금으로 도전하는 것이 아니라 내가 화장품을 판매했던 것처럼 적은 비용을 들여서 작은 도전부터 성공시켜야 한다. 처음엔 작은 도전부터 성공시키고 차근차근 성장해나가야 한다.

도전 리스트 만들기

항상 도전으로 꽉 찬 인생을 살고 싶다면, 항상 성장하는 삶을 살고 싶다면 '도전 리스트'를 만드는 습관을 가져야 한다. 도전 리스트 속에는 '무엇을 도전할 것인지', '언제까지 도전할 것인지', '어떻게 도전할 것인지' 이 세 가지를 작성하면 된다. 항상 도전 리스트를 작성하여 산다면 게을렀던 인생이 180도 달라질 것이다. 나 또한 예전엔 게으른 생활을 했지만 도전 리스트를 작성한 순간부터 하루하루 알차게 보낼 수 있었다. 최근 나의 도전 리스트는 다음과 같이 채워졌다.

	무엇을	언제까지	어떻게
나를 이겨내는 도전	아침형 인간 되기	2021.12	• 매일 오전 8시에 밥 챙겨 먹기
성취를 위한 도전	피트니스 대회 1등	2022.09	• 매일 헬스장에서 2~3시간 운동하기 • 단백질(몸무게×2.5g) 챙겨 먹기
금전적인 도전	온라인 쇼핑몰 월 매출 500만 원	2022.10	• 매일 출근해서 쇼핑몰 제작하기 • 수익금은 쇼핑몰과 제품에 재투자하기

나를 이겨내는 도전을 진행하고 성취했다면 또 다른 도전을 만들어낸다. 피트니스 대회 1등은 내가 '보디프로필 촬영하기'라는 목표를 다 끝낸 다음 새로 만든 도전이고 온라인 쇼핑몰 월 매출 500만 원은 내 스스로 '스마트스토어'에 입점하여 '월 매출 100만 원 만들기' 도전을 성공시킨 다음 만든 조금 더 큰 도전이

다. 나를 이겨내는 도전은 자신을 조금 더 성장시켜줄 수 있는 도전이면 된다. 자신의 능력과 실력을 더 늘릴 수 있는 도전이면 된다.

여기서 가장 중요한 것은 모든 항목들이 매우 자세해야 한다는 것이다. 가령 '아침에 일찍 일어나기'라는 도전을 하면 '일찍'이라는 것이 모호하기 때문에 자기합리화가 생기기 쉽다. '언제까지'라는 기한이 있으면 조금 더 동기부여를 할 수 있다. '어떻게'라는 자세한 방법을 적어둔다면 조금 더 체계적으로 성공을 향해 나아갈 수 있을 것이다. 실패한다면 다시 도전해보면 된다. 실패에 대한 원인 분석을 한 다음 다시 도전하면 된다. 성공과 실패에 상관없이 도전하는 삶 자체가 우리의 인생을 긍정적이고 열정적으로 변화시킨다. 실패해도 계속 도전하는 우리는 항상 젊을 것이다.

시간을 만들어서라도 책을 읽어라

매달 새로운 세상을 눈앞에 펼치다

나는 한 달 평균 약 세 권 정도의 책을 읽는다. 매번 서점에 가서 새로 나온 신간 도서를 볼 때면 항상 가슴이 두근거린다. 책을 사면 벌써 새로운 세상이 내 앞에 펼쳐질 것 같다는 생각마저 든다.

난 선수 생활을 하던 중고등학교 때 수업 시간에 혼자서 몰래 책을 읽었을 정도로 책에 대한 애정이 깊다. 내 자리는 창가 쪽이었는데 그 창가에는 항상 내가 읽던 책들로 쌓여 있었을 정도였다. 교과서는 잘 없었고 자기계발서만 가득했다. 내가 이토록 책을 좋아하는 데는 이유가 있다. 나는 어릴 때부터 욕심이 많던 욕심 부자였기 때문에 항상 성공을 하고 싶다는 생각으로 가득

차 있었다. 하지만 학생이기 때문에 내가 해야 하는 일은 공부를 열심히 하고 미래를 위해 잘 준비해야 하는 것이었다.

즉, 다른 성공한 사람들처럼 '실행'을 해서 '결과'를 얻는 단계가 아닌 '준비'를 하는 단계였다. 나는 빨리 '실행'을 해서 성공을 하고 싶었지만 그렇지 못했기 때문에 참 답답했던 상황이었다. 그때 당시에도 내 꿈은 '대한태권도협회장'과 같은 태권도계에서 1등이 되는 것이었다. 그런데 서점에 갔더니 우연히 그때 당시 대한태권도협회장이었던 홍준표 국회의원이 쓴 자서전이 있던 것이다. 그때 너무 읽고 싶다는 생각이 들었고, 바로 한 권 사버렸다. 그 책 속에서 그분이 어떤 인생을 살아왔고 얼마나 노력했으며, 어떻게 태권도협회장이 되었는지 다 볼 수 있었다.

그 책을 읽기 전엔 태권도만 잘하면 협회장처럼 리더가 될 수 있을 거라 생각했는데 책을 읽은 후엔 그것이 아니라는 것을 깨달았다. 그 이후 나는 태권도 실력에 대한 욕심이 사라졌고 진정으로 태권도 1등이 되기 위한 길을 모색했다.

책을 안 읽는다고?

나는 이것이 바로 책의 힘이라고 생각한다. 내가 직접 보고, 경험하지는 않았지만 책을 통해서 간접적으로 경험하고 깨달을 수 있는 것이다. 내가 경영학과를 나오진 않았지만 사업을 하고 장사를 할 수 있는 것은 100% 책 덕분이라고 해도 과언이 아니다. 책 속에서 장사로 성공하신 분들의 스토리를 읽고 그 분들의 철학을 배우고 그것을 접목하니 나만의 사업을 할 수 있었다.

하지만 현재 우리 사회는 독서를 소홀히 하는 경향이 있는 것 같다. '대학생 5명 중 2명은 독서를 전혀 안 한다.' 2017년 아르바이트 포털사이트 '알바몬'이 대학생 1,289명을 대상으로 '대학생 독서실태조사'를 실시했는데 이 같은 결과가 나왔다고 한다. 한국의 1인당 평균 독서 시간도 OECD 국가 중 최하위라고 한다. 성공한 사람들 모두가 독서를 적극 권장하고 습관화하라는 말을 많이 하는 와중에 우리 한국의 청춘들은 점점 책을 멀리하고 있는 것이 현실이다. 책을 읽지 않는 이유에 대한 대답은 '책 읽는 습관을 들이지 않아서(59.7%)', '책을 읽을 시간이 없어서(32.9%)', '책을 읽는 것보다 재미있는 일들이 더 많아서(29.1%)' 등이 있었다.

빌 게이츠, 일론 머스크, 워런 버핏 등 각 분야에서 큰 성공을 이룬 사람들은 물론이거니와 인생에서 큰 성장을 한 이들이 공통되게 강조하는 것은 '독서'다. 빌 게이츠는 하버드 졸업장보다 독서 습관이 더 소중하다고 이야기했을 정도다.

성공한 많은 사람들이 이처럼 독서를 강조한다면 독서 습관은 우리에게 굉장히 이로운 습관 중 하나임이 분명하다. 이렇게 독서가 강조된다면 책을 읽지 않아야 할 이유는 없다고 볼 수 있다. 그러므로 평소 독서를 하지 않는다면 책을 읽지 않는 여러 핑계들을 다 극복해서 독서 습관을 가져야 할 것이다. 과거에는 독서의 중요성을 깨우치지 못해 읽지 않았지만 지금부터라도 독서하는 습관을 가져야 하는 것이다.

거인의 어깨 위에 올라서는 방법

독서가 중요한 첫 번째 이유는 바로 '간접 체험' 때문이다. 책에는 저자가 경험했던 수많은 이야기와 그 사람의 철학 그리고 노하우가 다 담겨 있다. 내가 직접 경험해보지 않더라도 그 깨달음을 다 배울 수 있다. 자신이 성공하고 싶은 분야의 사람이 쓴 책을 꼭 읽어보길 권한다. 예를 들어 나는 역대 태권도협회장을 했던 사람들의 책을 읽어서 그 사람들이 어떻게 그 위치까지 올라갈 수 있었는지, 방법은 어떠한 방법들이 있었는지 알 수 있었다. 그리고 해외 진출 사업을 성공시킨 사람들의 책을 읽어서 그 사람들이 처음에 어떻게 시작했는지, 또 어떻게 발전시켜 성공했는지에 대한 정보를 얻고 내 인생에 적용해볼 수 있었다.

독서가 중요한 두 번째 이유는 바로 '정보를 통한 성장'이 가능하기 때문이다. 예를 들어 나는 중국 거래처와 협상할 일이 많은데 중국인들과의 협상은 정말 어려웠다. 절대 가격을 깎아주려고 하지 않았고 자신들이 실수했을 때는 '어쩔 수 없다'라는 반응만 보였다. 이때 내가 읽은 책이 바로《이기는 협상의 기술 101가지》(피터 B. 스타크, 김앤김북스, 2007.)라는 책이었다. 이 책 속에는 여러 가지 협상의 경우가 나오는데 나의 실제 경험과 똑같은 것이다. 이때 책에서 알려주는 협상 방법을 적용시켜보았고 그 결과 약 10위안을 더 깎을 수 있었다. 이처럼 경영, 경제, 재테크, 협상, 설득 등 수많은 정보와 지식, 노하우들을 책을 통해서 배울 수 있다.

독서가 중요한 마지막 이유는 '거인의 어깨 위에 올라서기 위함'이다. 이미 성공한 사람들이 거인이라고 가정한다면 나는 아직 작은 사람이다. 작은 나 혼자서 저 멀리 있는 목표를 향해 걸어가면 엄청난 시간이 걸릴 것이다. 하지만 성공한 거인들이 적은 책을 읽음으로써 그들의 어깨에 올라탄다면 훨씬 더 빠른 속도로 목적지에 도착할 수 있을 것이다. 마치 게임 속에서 고수의 계정을 '불러오기'를 하는 느낌이다. 이렇기 때문에 나는 책을 가장 저렴하지만 가장 가치 있는 강의라고 생각한다. 내가 비록 스티브 잡스와 점심 식사를 하며 그의 경영 철학을 들을 수는 없지만 그의 책을 읽으면 그가 성공과 실패의 경험으로 느낀 노하우를 알 수 있다. 이것이 거인의 어깨에 올라탈 수 있는 책의 중요성이다.

나만의 책 읽는 방법

나에게는 특별한 책 읽기 방법이 있다. 이 방법을 사용하면 책을 통해 많은 것들을 얻을 수 있을 것이다.

첫째, 책을 전부 다 읽어야 한다고 생각하지 않는다. 사람들이 책을 읽는다고 하면 한 글자 한 글자 모두 읽으려고 한다. 그렇게 시작된 독서는 금방 흥미를 잃어버리고 도중에 책 읽기를 그만둬버리는 경우가 발생한다. 나는 책을 사면 목차부터 읽어본다. 분명 나에게 필요 없는 목차도 있을 것이다. 이미 알고 있거나 도움이 되지 않는 목차가 있을 것이다. 그런 목차들은 나는 눈대중으로 대충 보고 확실히 필요하지 않은 내용이면 안 읽고 지나친다. 이렇게 하면 단시간에 진정 내게 필요하고 깨달을 수 있는 내용들만 받아들일 수 있다.

둘째, 책을 읽을 땐 모든 것을 차단하고 집중한다. 카페에서 책을 읽고 있는 사람들을 보면 핸드폰을 곁에 두는 사람들이 많다. 책을 읽다가 핸드폰이 울리면 잠시 만지고 다시 책을 읽는다. 이렇게 되면 절대 책을 온전히 받아들일 수 없다. 나는 책을 읽을 때는 핸드폰을 방해금지 모드로 전환한다. 그러면 전화가 와도, 메시지가 와도 알림이 울리지 않는다. 그 시간만큼은 오롯이 책에 집중하는 시간이다. 마치 나 자신이 책의 저자가 된 것처럼 저자의 감정과 생각을 읽어내려고 노력한다. 노하우를 배우는 책이라면 스스로 시뮬레이션도 해본다. 협상에 관한 책을 읽을 때 '내가 협상을 하는 상황에 상대방이 이렇게 나오면 나는 이렇게 제안해야겠다'라는 생각을 하게 되는데, 이때 주변의 다른 것들이 방해한다면 온전히 책의 정보를 받아들이기 힘들다. 그러므로 독서를 할 때는 오롯이 책에만 집중하여 빠져들어야 한다.

셋째, 감명 받은 문장이나 꼭 필요한 문장에 밑줄을 긋는다. 그리고 여백에 내가 느낀 감정과 생각을 적는다. 내가 오래도록 책을 읽으며 느낀 것이 하나 있다. 바로 책의 내용을 금방 잊어버린다는 것이다. 대충 어떤 내용의 책인지는 알지만 내가 그 책을 통해서 배웠던 것은 금방 잊어버리게 되었다. 읽은 순간에는 많은 생각을 하게 되고 다짐했지만 몇 달 가지 않고 마인드가 바뀌어버렸다. 이때부터 내가 사용한 방법이 바로 밑줄 긋기와 생각 적기였다. 책을 읽다 보면 '아!' 하는 문장들이 있다. 정말 마음에 와닿는 문장이나 중요한 포인트를 담은 문장들이 있다. 그런 곳에 밑줄을 그어놓고 그 당시 내가 생각했던 것들을 적어놓으면 이후에 다시금 그 책을 읽을 때 그 내용들만 읽어도 책의 핵심 내용들이 금방 떠오르게 된다.

나만의 맞춤 도서 목록을 작성하자

나는 주로 자기계발서만 읽는다. 소설은 잘 읽지 않는다. 소설은 상상력을 키워줄 수 있다고 생각은 하지만 내게 맞는 독서 유형은 아니어서 그다지 끌리지 않는다. 나에게는 책을 읽는 이유가 '성장을 위함'이고 '거인의 어깨에 올라타기 위함'인데 소설을 읽으면 성장과 노하우를 당장 배울 수 없으니 그런 것 같다.

내 취향이 자기계발서 쪽이어서 그런지, 나는 지인에게도 이 쪽 분야의 책을 자주 권한다. 자기계발서는 이미 성공한 사람들이 자신만의 성공스토리를 적어놓은 것이라 별 도움이 되지 않는다고 비판하는 사람들도 있지만 나는 다르게 생각한다. 이미 성공한 사람들의 성공스토리의 이면에는 그들이 그 성공을 견인하기 위해 내린 판단과 철학이 깃들어 있기 때문이다. 그들의 판단과 철학을 내 인생에 적용할 수 있다면 분명 도움이 될 것이라 나는 확신한다. 나는 상황에 따라 골라 읽는 나만의 도서 목록이 있다. 따라서 이 목록을 주위 사람들에게도 적극 권장하는 편이다. 주로 내가 감명 받고 내 인생에 실질적으로 적용시킬 수 있었던 책들이다.

• 꿈이 명확하지 않을 때

《꿈꾸는 다락방》(이지성, 국일미디어, 2009.)

《부자 아빠 가난한 아빠》(로버트 기요사키, 민음인, 2018.)

《스님, 어떤 게 잘 사는 겁니까》(명진, 다산초당, 2018.)

《나폴레온 힐 성공의 법칙》(나폴레온 힐, 중앙경제평론사, 2015.)

• 행동이 게을러졌다고 느낄 때

《20대, 자기계발에 미쳐라》(이지성, 맑은소리, 2010.)

《고승덕의 ABCD 성공법》(고승덕, 개미들출판사, 2011.)

《미라클 모닝》(할 엘로드, 한빛비즈, 2016.)

《하버드 첫 강의 시간관리 수업》(쉬셴장, 리드리드출판, 2018.)

• 새로운 사업(장사)에 도전하기로 마음먹었을 때

《시련은 있어도 실패는 없다》(정주영, 제삼기획, 2001.)

《왜 나는 사업부터 배웠는가》(송성근, 다산북스, 2018.)

《장사의 신》(우노 다카시, 쌤앤파커스, 2012.)

《청년 장사꾼》(김윤규·청년장사꾼 공저, 다산북스, 2014.)

• 마음이 지치고 위로가 필요할 때

《살면서 쉬웠던 날은 단 하루도 없었다》(박광수, 위즈덤하우스, 2015.)

《미움받을 용기》(기시미 이치로·고가 후미타케 공저, 인플루엔셜, 2014.)

《아들아, 삶에 지치고 힘들 때 이 글을 읽어라》(윤태진, 다연, 2019.)

인문학은 '삶'에 대한 문학이다

나는 최근 인문학 책을 읽기 시작했다. 자기계발서를 많이 읽다 보니 나중에는 비슷비슷한 느낌을 받았기 때문이다. 자기계발서는 성공에 대한 동기부여를 위한 책이었기 때문에 동기부여를 확실히 받은 후에는 다른 책에 눈길이 가기 시작했다. 그래서 협상이나 인맥 관리, 경영 등과 같은 기술과 노하우를 배울 수 있는 책을 읽기 시작했고 현재는 인문학 책을 즐겨 읽고 있다.

아마도 미래에는 인문학 공부가 정말 많이 필요할 것이다. 앞으로는 4차 산업혁명 시대가 펼쳐질 것인데 4차 산업혁명에서는 인간이 하는 일을 인공지능(AI)이 대체할 확률이 높을 것이다. 예컨대 옛날에는 어떤 분야에 지식을 얻기 위해서 대학에서 공부를 하거나 직접 현장에서 일을 해봐야 했지만 현재는 유튜브에 들어가서 검색만 해봐도 방대한 자료들과 지식들이 쏟아져 나온다. 그만큼 정보를 얻는 것이 수월한 세상이다. 그렇다면 이 많은 정보들을 인공지능에 입력한다면 전문가들이 설 자리가 점점 줄어들 수도 있다. 기술 또한 인공지능의 발달로 설 자리가 줄어들고 있다.

미국의 켄쇼 테크놀로지가 개발한 인공지능 '켄쇼'는 미국의 투자회사 골드만삭스 본사에 입사했다. 켄쇼는 매일 24시간 내내 일을 하고 600명의 트레이더가 한 달 가까이 처리해야 하는 일을 고작 3시간 20분 만에 끝냈다고 한다. 이로 인해 월스트리

트의 약 600명의 트레이더는 일자리가 없어졌다고 한다.

또한 일본에서는 공무원 행정 업무에 인공지능 공무원을 투입하는 실험을 했는데 공무원 30명이 일주일 넘게 해야 하는 업무를 단 몇 초 만에 끝냈다고 한다. 이미 많은 인공지능 기술들이 기업 경영진을 대상으로 경영 지도를 하고 있고 인사관리 업무 또한 인공지능에게 맡기고 있다고 한다. 이처럼 이미 인공지능이 사람들의 일자리를 대체하고 있는 것이 현실이다.

주변 음식점만 봐도 주문을 받는 사람들보다 '키오스크' 기계가 주문을 받는 경우가 더욱 많고 무인 판매점 또한 지속적으로 늘고 있다. 사람들이 하는 일들을 점점 인공지능이 대체하고 있다는 뜻이다. 결과적으로 미래에는 점점 인공지능이 사람들이 지식으로 해왔던 것들을 대체할 수 있다는 것이다.(이지성, 《미래의 부》, 차이정원, 2021.)

그렇다면 우리는 어떻게 대비해야 할까? 바로 인공지능이 하지 못하는 것을 할 수 있어야 한다. 나는 그것이 인간의 고유 능력인 '생각'과 '사고'라고 생각한다. 정확한 기준과 원칙 그리고 철학이 있어야만 앞으로의 미래를 원활히 살아갈 수 있을 것이다. 바로 인문학이 그러한 철학을 만들어주는 데 많은 도움을 줄 것이다. 인문학의 사전적 의미는 '인간과 관련된 근원적인 문제나 사상, 문화 등을 중심적으로 연구하는 학문'이다. 한마디로 '이 세상의 모든 이치와 도(道)에 대한 공부'다.

즉, 스스로 생각하는 힘을 기를 수 있는 공부인 것이다. 이미 세계를 리드하는 빌 게이츠, 마크 저커버그, 데미스 하사비스, 일론 머스크 등의 인물들은 인문학에 푹 빠져 있다고 한다. 그 어떤 일을 하든, 어떤 분야에서 활동을 하든 앞으로는 인문학이 필수인 세상이 올 것이다. 지금이야말로 인문학을 통해 세상을 보는 지혜를 길러야 하고 스스로 생각하고 판단할 수 있는 능력을 길러야 할 때다.

시간을 지배하라

시간에 지배당하는 사람

"시간을 지배하라"라고 말하면 보통 '자투리 시간을 확보해서 무언가 하라는 것이겠지'라고 생각하기 쉽다. 하지만 내가 말하고 싶은 '시간을 지배하라'는 의미가 조금 다르다.

나는 기업 CEO들의 삶을 보며 문득 '시간'이라는 것에 대해 깊게 생각해보게 되었다. 보통 회사에 출근해서 저녁까지 일을 하고 심지어 야근까지 하는 사람은 직원들이다. 직원들은 평일엔 자기만의 시간을 갖지 못하고 주말에 개인 시간을 가지는 것이 보통이다. 하지만 CEO들은 평일이든 주말이든 자신이 원할 때 자신의 시간을 쓴다. 게다가 비서까지 있는 경우가 많다. 하지만 임금 차이는 하늘과 땅 차이이다. 즉, 하루 24시간 같은 시간을 쓰는 사람들인데 어떤 부류는 시간에 지배당하는 삶을 살고 또 어떤 부류는 시간을 지배하는 삶을 사는 것이다. 이런 것을 보며 나는 '시간'에 비밀이 있다고 생각했고 곰곰이 이 생각을 발전시키게 되었다.

회사가 직원을 고용하는 이유는 '일'을 시키기 위해서다. 일차원적으로 생각하면 '노동'에 대한 대가로 '월급'을 받는다고 생각할 수 있다. 하지만 더 깊이 들어가면 고용을 하는 진짜 이유는 직원의 '시간'을 사기 위함이라는 결론이 나온다. 직원들은 자신의 '시간'을 써서 '노동'을 하고 거기에 대한 대가로 '돈'을 받는다. 회사의 오너는 '돈'을 주고 '시간'을 산다고 볼 수 있다. 그렇기 때문에 결과적으로 직원들은 자신만의 '시간'을 보내기 어렵고 오너들은 시간을 지배할 수 있게 된다. 하지만 당장 자신만의 사업을 시작하기 힘든 사람들도 있을 것이고 여러 가지 상황들로 인해 어쩔 수 없이 '시간'을 팔아야 하는 상황인 사람들도 많을 것이다. 그렇다면 어떻게 시간을 지배하는 사람이 될 수 있을까?

첫 번째 방법으로는 일을 하면서도 시간을 지배하는 사람이 되는 것이다. 최근 근로 시간이 주 52시간으로 한정되었다. 보통 9시에 출근해서 오후 6시쯤 퇴근한다. 최대 하루 10시간 정도 회사에서 일을 할 것이다. 그리고 그 10시간은 돈을 위해 쓸 것이다. 하지만 여기서 10시간을 돈이 아닌 미래를 위해서 쓴다면 어떨까? 즉, 직장에서 '미래에 시간을 지배하는 사람이 되기 위한 준비'를 하면 그 시간은 돈도 벌 수 있고 온전히 본인의 성장을 위해서 쓰는 시간이기도 할 것이다. 그렇게 되면 근무를 하는 하루 10시간도 시간을 지배하는 사람으로 살 수 있을 것이다. 즉, 취업을 잘해야 한다. 그저 돈만 벌기 위한 직장이 아니라 본인의 미래를 위해 투자할 수 있는 직장에서 일을 해야 한다.

두 번째 방법은 근로 시간을 제외한 시간에 투자를 하는 것이다. 미래에 시간을 지배하는 사람이 되기 위한 각자의 목표가 있을 것이다. 그렇다면 근로 시간을 제외한 나머지 시간에는 무조건 자신만의 '시간'을 보내야 한다. 현재는 돈을 대가로 시간을 쓰는 사람일지라도 미래에 시간을 온전히 지배하는 사람이 되기 위해 스스로를 성장시키는 시간을 보내야 한다는 것이다. 나는 최근 피트니스에 푹 빠져 있어서 유튜브로 운동 관련 영상들을 많이 본다. 한 유튜버는 직장인이었는데 출근 전 새벽과 퇴근 후 저녁에 자신만의 시간을 운동에 사용했고 멋있는 몸을 만들었다. 대회에 나가서 입상도 하고 유튜브를 통해 유명해지기도 했다. 그는 이제 직장생활을 그만두고 유튜브와 헬스 사업으로 시간을 지배하는 사람이 되었다.

이것이 바로 시간을 지배하는 힘이다. 시간에 쫓기고, 시간에 지배당하는 삶이 아닌 자신만을 위해 시간을 사용하는 삶을 산다면 미래에는 시간을 지배하는 사람이 될 수 있을 것이다.

시간을 관리하는 방법

시간계획표를 만들고 자투리 시간을 만드는 방법은 누구나 아는 방법이지만 처음부터 실행하기 어려운 부분이 있기 때문에 추천하지 않는다. 시간을 어느 정도 잘 관리하게 된 후에 시간계획표를 만들어 자투리 시간을 만들어보면 된다. 내가 정말 추천하는 시간 관리법은 두 가지가 있다.

첫째, 내일 할 일을 적는 것이다. 나는 잠에 들기 전 항상 내일 할 일 리스트를 적는다. 내가 꼭 해야 하는 리스트를 적는 것이다. 리스트 안에는 크고 작은 일들을 다 적는다. 가령 아침에 일어나서 침구 정리하기, 닭 가슴살 600g 먹기, 책 원고 n장까지 집필하기, 쇼핑몰 상품 사진 촬영하기 등 사소한 일부터 중요한 일까지 모두 적는다. 그다음 그 일들을 해낼 때마다 옆에다 빨간 볼펜으로 체크를 하는 것이다. 그렇게 되면 하루하루 시간을 잘 보낼 수 있다. 빨간 펜으로 체크를 할 때는 게임 미션을 해낸 것처럼 성취감이 들기도 한다. 이렇게 자기 전 미리 다음 날 할 일을 적어두면 시간을 효율적으로 사용할 수 있다.

둘째, 미래를 위해 시간을 투자하는 것이다. 자신의 24시간 안에는 무조건 미래를 위해 투자하는 시간이 있어야 한다. 비록 지금은 시간을 지배하지 못하지만 언젠가 지배하는 사람이 되기 위해 투자해야 한다. 즉, 자신의 꿈과 목표를 위해 사용하는 시간이 있어야 한다는 뜻이다. 외국어를 배우는 시간이 될 수도 있고, 운동이 될 수도 있고, 장사를 해보는 시간이 될 수도 있다. 여기서 중요한 점은 남들이 해야 한다고 해서 하는 일들이 아닌 진정으로 자신이 원하는 꿈을 위한 시간이 되어야 한다는 점이다. 가령 자신의 꿈과 목표에는 영어가 필요하지 않은데 남들이 영어는 필수라고 해서 영어공부에 시간을 사용하면 안 된다는 것이다. 미래에 시간을 지배하는 사람이 될 수 있도록 성장시킬 수 있는 시간을 보내야 한다.

이렇게 두 가지 방법을 시간 관리에 적용시켜보면 이전과는 다른 생활을 할 수 있을 것이다. 할 일 리스트에 없던 일을 하게 되면 본인의 낭비 시간을 알 수 있고, 미래를 위한 시간을 투자한다면 계속 성장해나가는 자신을 발견할 수 있을 것이다. 이처럼 모두에게 똑같이 주어지는 24시간을 주체적으로 사용하고 관리한다면 언젠가 24시간을 온전히 지배할 수 있는 사람이 될 것이다.

각자 다른 시간의 개념

나는 어떤 새로운 목표나 도전을 할 때 몰입하는 것을 좋아한다. 새로운 일을 도전하는 순간 나는 그 일에 푹 빠져버린다. 이렇게 하는 데는 이유가 있다. 앞서 말했듯 사람들은 누구나 공평하게 24시간을 받는다. 하지만 사람들마다 시간의 개념은 완전히 다르다.

만약 똑같은 일을 두 사람에게 시키면 어떻게 될까? 분명 누군가는 그 일을 1시간 만에 끝내고 누군가는 3시간이 걸릴 것이다. 배움도 마찬가지다. 똑같은 분량의 내용을 두 사람에게 가르치면 점수는 다를 것이다. 이게 바로 시간을 '어떻게' 쓰느냐가 중요한 이유다.

나는 미국 생활에 도전할 때 '영어를 마스터하고, 미국 태권도의 선진화를 배우며, 사범님께 인정받는다'라는 목표를 세웠다. 미국 생활을 했던 1년간 그 목표에만 몰입했다. 앞서 말한 것처럼 1년 뒤에 사범님이 인정을 안 해주시거나 영어를 마스터하지 못했다면 나는 1년을 더 보낼 예정이었다. 하지만 완전히 몰입했고 최선을 다한 결과 1년 만에 모든 목표를 이룰 수 있었다. 미국에는 한국인 사범들이 꽤나 많았다. 하지만 영어 실력이 출중한 사람은 거의 없었다. 영어를 너무 못하기에 미국에서 얼마나 살았냐고 물어보면 3년, 5년 심지어 10년도 있었다. 내가 미국에 있던 2015년, 그 1년은 모든 한국 사범들에게 공평하게 나누어졌지만 나는 급속도로 성장할 수 있었다. 그만큼 시간을 만드는 것도 중요하지만 시간을 어떻게 사용하는지도 정말 중요하다. 진정으로 시간을 지배하고 싶다면 다른 사람들과는 차원이 다른 정도의 몰입이 필요하다. 어떤 사람에게는 1년이 필요한 일들이 다른 누군가에게는 3개월이면 충분한 경우도 있다.

이처럼 자신만의 시간을 보낼 때는 완전히 몰입해야 한다. 다른 사람들의 기준에 자신을 맞추지 말아야 한다. 남들이 “외국어는 3년은 배워야 돼”라고 할 때 ‘나는 1년 만에 할 수 있다’고 생각하고 몰입해야 한다.

단기·중기·장기 꿈을 적어라

개인에게도 비전 선언문이 필요하다

'기업 비전 선언문'을 들어본 적 있는가? 각 주요 기업들에게는 이러한 비전 선언문이 있다고 한다. 비전 선언문이란, 한 기업이 앞으로의 미션, 비전 그리고 가치에 대해 발표하고 공표하는 형식의 선언문이다.

예를 들어 삼성전자의 비전 선언문은 '인재와 기술을 바탕으로(미션), 최고의 제품과 서비스를 창출하여(비전), 인류사회에 공헌한다(가치)'이고, 현대자동차는 '최상의 이동성 구현을 위한 혁신 기술과(미션), 자동차에서 삶의 동반자로(비전), 포괄적 서비스를 기반으로 새로운 공간을 창조한다(가치)'이다. 즉, 미션, 비전 그리고 가치 구현을 선언하는 것이다.

만약 기업에 이러한 비전 선언문이 없다면 어떻게 될까? 급변하는 세상에서 그리고 갑자기 생기는 악조건 속에서 기업은 정확한 기준을 잡지 못하고 흔들릴 것이다. 또한 정확한 목표의식이 없으니 직원들의 동기부여를 일으키기 어려울 것이다. 이처럼 기업을 경영할 때에는 회사의 비전을 정확하게 만드는 것이 중요하다.

나는 개인도 기업 경영과 비슷하다고 생각한다. 한 사람이 인생을 살아갈 때는 회사를 경영한다는 마인드로 자신을 경영해야 한다. 정확한 방향성을 제시할 수 있어야 하고, 정확한 기준과 원칙이 있어야 하며, 항상 발전하고 성장하는 삶을 살아야 할 필요가 있다. 또한 기업이 사회에 공헌하는 것처럼 개인 또한 다른 사람을 위해서 공헌할 필요성이 있다고 생각한다.

청춘들의 일자리가 줄어드는 상황에서 만약 일자리를 구하기 힘들어 당장 무엇을 해야 할지, 어떤 목표 성취와 미래 비전을 설계해야 할지 알 수 없다면, 자기를 경영할 수 있는 사소하지만 작은 방법부터 시작하라고 제안하고 싶다. 노트에 적는 사소한 행동 하나가 바로 자기 경영의 시작이 된다.

자기 경영을 하는 방법

자기 경영을 시작하는 방법은 간단하다. 각 주요 기업들이 만들어놓은 것처럼 미션, 비전 그리고 가치에 대해 적으면 된다. 여기서 '미션'은 단기적인 목표, '비전'은 중기적인 방향성, '가치'는 자아실현의 방법이라고 볼 수 있다.

하지만 사람들이 흔히 하는 실수가 바로 '미션'부터 생각한다는 것이다. 나는 자기 경영의 첫 단추로, 단기 목표보다는 중기적인 방향성과 자아실현을 먼저 생각하라고 말한다. 지금 당장 내가 해야 할 일들에 대해서는 대개 알고 있어도, 비전과 가치에 대한 부분은 생각하지 않는 경우가 더 많기 때문이다. 따라서 자기 경영을 하기 위해서는 가장 먼저, 장기적인 꿈부터 만들어야 한다.

나는 꿈이 없는 친구들에게 진로 상담을 많이 했다. 본인들이 당장에 돈을 벌고 성공하고 싶은 마음은 크지만 정작 성공과 부를 얻은 이후의 삶에 대해서는 생각하는 사람이 적다. 나는 그럴 때마다 인생의 큰 목표와 꿈부터 정해야 한다고 조언했던 것 같다.

아버지께 받은 세뇌(?) 교육 덕분인지 나는 아주 어린 시절부터 '남을 위해 살겠다'는 생각이 있었다. 그러자 어느 순간 정말 내 꿈이 '남을 위해 살겠다'가 되어버렸다. 나보다는 남을 위해, 조금 부족한 사람들을 위해 사는 것이 내가 이 세상에 태어난 이유라는 생각이 들었던 것이다(가치). 그렇게 내 장기적인 꿈은 어릴 적부터 정해졌다.

그 당시 내 무기는 '태권도'였기 때문에 태권도를 통해 내 장기적인 꿈을 실현하고 싶었다. 그래서 내 비전은 '태권도를 통해 어렵고 부족한 사람들에게 꿈과 희망을 주는 사람이 되겠다(비전)'가 되었다. 나는 1등에 욕심이 있는 사람이기 때문에 태권도에서 1등이 되어 내 비전과 꿈을 이루고 싶었고, '부자가 되어야 한다', '진정한 스승이 되기 위해 공부를 많이 해야 한다', '태권도를 전 세계에 보급하고 발전시켜야 한다' 등 많은 미션들을 하나씩 만들었다. 이렇게 나는 스스로에 대한 비전 선언문을 만들 수 있었다.

비전 선언문 작성 방법

자기 경영에 앞서 가장 먼저 해야 할 것은 본인의 비전 선언문을 작성하는 것이다. 나는 '사명 or 자아실현 가치', '비전', '10년 후 목표', '5년 후 목표', '올해의 목표', '실천법', '각오와 다짐' 이 일곱 개의 항목으로 비전선언문을 구성해 작성했다 그럼 비전 선언문을 어떻게 작성하는지 알아보자.

먼저 1번 항목에는 자신이 어떠한 사명을 가지고 인생을 살아갈 것인지 적고, 2번 항목에서는 비전을 제시하며, 3번 항목부터는 자세한 목표를 적는다. 목표는 다여섯 개 정도면 적당하다. 그리고 6번 항목에는 그 목표들을 이루기 위한 자세한 실천법들을 적어보고 7번 항목에서는 자신의 각오와 다짐을 적으면 된다. 그리고 비전 선언문을 작성한 후 포트폴리오도 만들면 좋다. 다음은 내가 2015년, 미국에 있을 때 적었던 비전 선언문이다.

이렇게 간단하게 자신이 무엇을 이룰 것이며 어떤 방법으로

손동휘 비전 선언문

1. 사명 or 자아실현 가치	부족한 사람들에게 꿈과 희망을 주고 세상을 바꿀수 있는 사람
2. 비전	태권도로 부족한 사람들을 도와주는 사람이 된다.
3. 2025년 장기 목표	(1) 한 회사의 사장이 된다. (2) 나 자신이 부족해지지 않도록 정신이 부유해진다. (3) 4개 국어를 까먹지 않는다.
4. 2020년 중기 목표	(1) 적어도 5개의 나라는 다녀온다. (2) 3개 국어를 습득한다. (3) 100명 이상의 외국인 친구를 만든다.
5. 2015년 단기 목표	(1) 중간에 포기하지 않는다. (2) 영어를 마스터한다. (3) 토익 800점, 토플 80점 이상 점수를 받는다. (4) 인정받는다.

6. 실천법

(1) 매일 30개씩 단어를 외운다.

(2) 한국인답게 예의 바르게 생활한다.

(3) 만나는 모든 외국인들과 페이스북 친구를 맺는다.

(4) 친구들의 부모님과도 친해진다.

(5) 토익 공부를 주 2회씩 2시간 한다.

(6) 매일 독서를 1시간 이상 한다.

(7) 모르는 사람이라도 일단 인사하며 다가간다.

(8) 절대 중간에 포기하지 않는다.

(9) 하루에 한 번씩 부모님께 연락드린다.

(10) 매일 1시간씩 내 운동 시간을 갖는다.

(11) 다른 스포츠도 배운다.

(12) 주말에는 공부량을 두 배로 늘린다.

(13) 한 달에 한 번씩 감사한 분들에게 연락드린다.

(14) 하루에 한 번씩 다른 사람에게 연락한다.

(15) 타국에 있을 때에도 잊지 않고 연락한다.

(16) 도장 학생들에게 하루에 한 번씩 칭찬한다.

(17) 고수를 찾아서 옆에 붙어다닌다.

(18) 내공의 힘을 기른다.

7. 각오와 다짐

나는 위의 약속을 지키기 위해서 최선을 다한다.

2015. 01. 15.

이룰 것인지, 자세한 목표와 실천법들을 적어보면 된다. 실천법, 단기·중기·장기 목표는 상황에 따라 바뀔 수 있지만 1번과 2번 항목은 절대 바뀌지 않는다. 그렇기에 심적으로 조금 힘들거나 방향성을 잃은 느낌이 들 때 나는 이 비전 선언문을 보고 다시금 동기부여를 얻는다.

매월, 매년 목표를 세우자

나는 비전 선언문을 작성하고 나면 목표 선언서도 적는다. 비전 선언문과는 다르게 목표 선언서는 조금 더 간단하고 세부적이다. 매년 목표를 정하는 방법인데 월말과 연말에 적으면 된다. 월말에는 일기에 내가 이룰 것들을 적고, 연말에는 목표 선언서를 만들어 잘 보이는 곳에 보관해둔다. 이러한 목표들은 세부적인 미션이다. 한마디로 자신의 중기적인 목표를 이루기 위해 당장 시작하고 이루어야 할 미션들이다.

목표 선언서를 작성하는 방법도 아주 간단하다. 한 해의 목표를 세우는 선언서를 작성하면 된다. 그다음 자세한 실천법들을 계획해서 실천을 유도해야 한다. 정확한 방법으로 제시하는 것이 가장 좋다. 2021년 내 목표 선언서는 다음과 같다. 책을 출판하는 일은 갑자기 생긴 기회였고 결심이었기 때문에 추가했다. 꼭 수치적으로 성취할 수 있는 것뿐만 아니라 스스로의 다짐, 마인드를 함께 적는다. 점점 성장할수록 더욱 겸손해져야 한다는 다짐, 스스로 자랑스러운 사람이 되고 대견한 사람이 되려는 마인드를 함께 적는다.

손동휘 목표 선언서

1. 전역을 무사히 한다.
2. 학교 복학을 무사히 해서 모든 과목을 합격한다.
3. 보디프로필을 성공시킨다.
4. 온라인 사업을 다시 시작해서 개인 쇼핑몰을 만든다.
5. 인문학 책을 열 권 읽는다.
6. 할 일이 없더라도 항상 출근해서 업무를 본다.
7. 일본어를 배운다.
8. 잠은 7시간만 잔다.
9. 항상 겸손하게 행동한다.
10. 스스로 자랑스럽고 대견한 사람이 된다.
11. 책을 출판한다.

2021.01.01.

미래를 위해서 절약하고, 과감히 투자하라!

기업들이 경영하는 것을 보면 정말 냉정하게 경영한다. 돈을 아껴야 할 때는 확실히 아끼고, 투자를 해야 할 때는 과감한 투자를 해서 성과를 유도한다. 이처럼 각 개인의 경영도 절약과 투자가 있어야 한다. 미래를 위해서 절약해야 할 때는 아껴야 한다. 기업에서 정리해고를 하듯 자신도 친구들을 만나는 빈도를 줄여야 하고 사치품을 사거나 술자리를 자주 갖는 습관을 줄여야 한다. 하지만 투자를 할 땐 과감하게 투자해야 한다. 기업들은 주로 '기술'에 투자를 많이 한다. 이 '기술'은 개인의 '역량'과도 똑같다. 개인은 어디에 투자하는 것이 가장 좋을까? 바로 자기 자신에게 투자하는 것이다. 자신의 지식과 능력의 발전을 위해 투자를 과감하게 해야 한다. 언어를 배우고, 마케팅과 같은 기술을 배우고, 여러 강의를 들으며 스스로의 '역량'을 키울 수 있는 투자를 해야 한다.

과거는 현재를 만들었고 현재는 미래를 만들 것이다. 현재의 내 모습이 마음에 들지 않다면 과거의 투자가 잘못됐다는 뜻이다. 그렇다고 낙담할 필요는 없다. 현재를 잘 투자하면 미래의 내 모습은 변화될 것이다. 현재를 불행하게 살 필요는 없지만, 현재의 시간을 투자하여 빛나는 미래를 만들어야 한다. 이러한 원칙을 생각하며 목표 선언서를 작성해야 하고 실천법을 적어야 한다. 현재의 수많은 유혹들을 이겨내고 과감히 투자하여 미래에 더 많은 성과를 만들어내보자.

나의 버킷 리스트는 드림 리스트

버킷 리스트란 죽기 전 꼭 해야 할 일들을 적은 리스트를 말한다. 나는 버킷 리스트 대신 드림 리스트를 작성한다. 드림 리스트와 비전 선언문의 차이점은 비전 선언문은 내 인생의 전반적인 방향성과 사명에 대해 선언하는 것이라면 드림 리스트는 말 그대로 살면서 꼭 한번 해보고 싶은 것, 혹은 꼭 가지고 싶은 것들을 적는다는 것이다. 말 그대로 꿈이다! 이 드림 리스트를 볼 때면 항상 가슴속에서 열정이 생기고 동기부여가 된다.

내 드림 리스트에는 이런 것들이 있다. 4개 국어를 할 수 있는 내 모습이 참 멋있을 것 같아서 한번 해보고 싶고, 죽기 전 한 분야의 박사가 되어보고 싶다. 또한 내 인생 이야기가 담긴 자서전을 써서 내가 죽은 후에도 나라는 사람이 기억되었으면 하고, 가장 바라는 것이 죽을 때 웃으며 죽는 것이다. 모든 것을 다 이루고 미련 없이 죽을 수 있으면 참 좋을 것 같아서 마지막에 적었다. 이처럼 여러분들에게도 상상만 해도 기분이 좋아지는 드림 리스트를 작성해보는 것을 추천한다. 정말 이루었다는 상상을 하면서 동기부여를 받는 것이다.

손동휘 드림 리스트

1. 4개 국어
2. 박사 학위 취득
3. 10개 이상의 나라 여행해보기
4. 부자 되기
5. 배낭여행 떠나기
6. 좋은 집에서 살기
7. 남을 위해 봉사할 수 있는 삶
8. 행복한 삶
9. 도전이 항상 있는 삶
10. 실패 뒤의 짜릿한 성공
11. 부모님께 효도하기
12. 자서전 쓰기
13. 명예로운 사람 되기
14. 웃으면서 죽기

'드림 리스트' 작성하기

1.
2.
3.
4.
5.
6.
7.
8.
9.
10.
11.
12.
13.
14.

직장은 '얼마'보다 '어떤'에 방점을 두자

평생 직장이 사라진다

7080세대는 회사에 입사한 후 정년까지 근무하다 정년퇴직을 하는 경우가 많았다. 평생 한 직장에서 열심히 근무하고 퇴직할 수 있었던 '평생 직장' 개념이 있던 시절이기에 가능했다. 하지만 지금 그런 직장은 사라졌다. 한 직장에서 정년까지 다닐 수 있는 사람을 찾아보기 힘든 게 현실이다. 따라서 조금 더 복지가 좋고 연봉이 많은 직장으로 취직은 물론 이직을 원하는 사람들의 경쟁이 치열하다. 비교적 정년이 보장되는 공무원 경쟁률은 날이 갈수록 치솟고 있다.

즉 회사의 발전을 위해 자신을 희생하기보다, 자신의 삶을 더 중요하게 생각하는 청년들의 마인드가 반영된 현상이라고 할 수 있다. 나는 이러한 현상을 굉장히 좋게 본다. 어쨌든 자신의 발전을 위해 과감히 퇴사를 하고 이직을 하는 결심은 쉽지 않은 도전이다.

하지만 반대로 생각해보면 그만큼 '안정적'인 직장이 없어진다는 뜻이기도 하다. 미래가 불확실해진다는 것이다. 예전엔 한 직장에서 평생 동안 일을 하고 정년퇴직하여 노후를 맞이했다면, 이제는 직장에 의지하지 않고 자신이 스스로 인생을 개척하여 노후를 준비한다는 것이다. 성공한다면 보다 더 나은 노후를 보낼 수 있겠지만 실패한다면 불안한 노후를 맞이할 수도 있다.

그렇다면 평생 직장이 사라진 세대의 청년들은 무엇을 준비하고 무엇을 대비해야 할까? 나는 그 어느 시대보다 주도적으로 자기 인생을 계획하고 주관하며 설계해나갈 수 있는 능력을 갖추는 것이 가장 필요하다고 생각한다. '직장'의 개념이 사라지고 '업'에 대한 개념이 재정의되는 시대에, 자기가 확실하고 자신 있게 말할 수 있는 '평생 목표'를 하나 세우고 여기에 매진하는 일이야말로 가장 필요한 일이라 생각하기 때문이다. '평생 직장'보다 '평생 직업'이 중요해진 시대를 준비하라고 말하고 싶다.

연봉보다는 성장 재테크다

잡코리아와 알바몬이 2020년 5월 취업 준비생들을 대상으로 '직장을 선택할 때 가장 중요하게 생각하는 기준이 무엇인지' 설문한 결과, 연봉을 가장 중요하게 생각하는 취업 준비생이 62.8%로 가장 많았고, 직무 특성 11.2%, 개인 역량의 발전 가능성 6.2%가 뒤를 이었다. 청년들에게 중소기업에 왜 가고 싶지 않은지에 대해서도 물었고, 56.3%가 낮은 연봉 수준 때문이라고 응답했다고 한다.

이처럼 현재 대부분의 청년들은 직장을 구할 때 연봉, 즉 돈을 가장 중요시한다. 물론 직장을 구할 때 '연봉'은 정말 중요한 요소이다. 하지만 돈을 많이 주는 회사가 어디인지 알아보기 전, 자신이 어떤 사람이고 어떤 목표와 꿈이 있는지 먼저 알아야 한다. 그다음 목표를 위해 자신을 성장시킬 수 있는 직장을 선택해야 한다.

물론 성장할 수도 있고 연봉도 높다면 좋겠지만, 만약 자신이 원하는 목표와 꿈을 위한 직장이 연봉도 적고 비정규직이라면 미래에 대한 불확실성이 생길 것이다. 이러한 문제 때문에 여러 직장의 선택지가 있을 때면 자신을 성장시킬 수 있는 회사보다 비교적 안정적으로 보이는, 연봉을 많이 주는 회사에 취업하려 한다. 혹은 단기적으로 돈을 조금 더 벌 수 있는 직장을 선택하려 하는 경향이 있다.

예를 들어 한 직장은 월 300만 원을 벌 수 있지만 배우고 성장할 수 없는 단순 노동과 단순 업무를 하는 직장이고, 또 다른 직장은 월 180만 원을 벌지만 많은 것들을 경험해보고 자신의 무기를 다듬을 수 있는 성장의 발판이 될 수 있는 직장이라고 한다면 그저 300만 원을 선택하는 사람들이 많이 생기고 있다는 말이다.

20대가 한 달 동안 지출하는 생활비가 얼마일까? 평균적으로 100만 원이 안 넘는다고 한다. 그렇다면 비정규직으로 일을 해서 받는 월급이 100만 원만 넘으면 생활은 할 수 있다. 현재 최저 시급을 보면 최소 월 100만 원은 벌 수 있으니 사치를 부리고 호화로운 생활은 할 수 없겠지만 생활하는 데는 문제없을 것이다.

나는 두 가지 재테크 방법이 있다고 생각한다. 하나는 '돈'을 투자하는 재테크, 또 하나는 자신의 꿈과 목표에 투자하는, 즉 '평생 목표'와 '평생 직업'에 투자하는 '성장 재테크'를 하는 것이다. 비록 지금은 눈에 보이는 돈이 많지 않을지라도, 친구들과 놀고 여행을 갈 자금이 부족할지라도 미래에는 반드시 성공하겠다는 목표를 향해 현재를 투자하는 셈이다.

현대 사회에서 돈을 불리는 '재테크'는 많이 알려지고 중요하게 생각하지만, 정작 '성장 재테크'는 소홀히 하는 경향이 있다. 미래를 위해 현재를 투자하기보다 현재에 만족하고 현재를 즐기는 '욜로족'이 늘어나고 있다. 물론 현재도 즐겨야 한다고 생각하지만 미래를 대비하지 않는 것은 위험하다고 생각한다. 현재를 희생할 필요는 없지만 현재를 투자해야 할 필요성은 있다. 과거는 현재를 만들었고 현재는 미래를 만든다. 미래에도 즐기려면 현재를 투자해야 한다. 결국 앞으로의 직장은 지금 당장 '얼마'를 받는 것보다 '어떤'이 더 강조되고 중요해지는 것이다.

직장을 찾는 방법

'얼마'보다 '어떤'이 더 강조되고 중요해지는 세상에서 그렇다면 어떻게 해야 좋은 직장을 구할 수 있을까? 나는 세 가지 방법으로 직장을 찾는 것을 추천한다.

Step 1, '자신의 무기'와 어울리는 직업을 매칭하기

앞서 말한 것처럼 우선 자신의 무기를 먼저 찾아야 한다. 본인이 무엇을 좋아하고, 즐길 수 있으며, 잘하는지 알아야 한다. 본인의 무기가 무엇인지 모르는 상태에서 연봉만 높은 직업을 선택한다면 투자를 할 수 없다.

Step 2, 정확한 회사와 부서 정하기

자신의 무기를 찾고 그것을 직업 또는 직장과 매칭했다면, 그 무기를 더욱 날카롭게 다듬을 수 있는 정확한 회사와 부서를 정해야 한다. 간혹 회사만 정하고 부서는 정하지 않는 경우가 많은

데 정확한 부서를 정해야 한다. 그래야 무기를 다듬을 수 있고 성장할 수 있다. 또한 중소기업에 취업하려고 생각한다면 그 회사의 상사에 대해 알아봐야 한다. 배울 점이 많은 사람인지, 나를 성장시켜줄 수 있는 사람인지 알아보고 회사를 선택해야 한다. 회사 홈페이지를 통해 비전과 방향성을 보고, 자신의 무기와 적합한 회사를 골라야 한다. 그 후 그 업계에서 일하고 있는 선배나 지인을 만나 평판을 들어보는 것도 좋은 방법이다.

또한 그 회사의 대표가 인터뷰한 자료도 참고해보면 좋다. 나는 보통 그 분야에서의 1등을 찾아가는 편이다. 내가 미국의 태권도 도장을 찾을 때도 미국 태권도 1등 밑에서 배우겠다고 생각했고, 중국에서 태권도 도장을 찾을 때도 그 지역에서 가장 유명한 도장에서 일을 했다. 내 무기로 이미 성공한 사람 밑에서 일을 하며 배우면 그 사람이 수십 년간 쌓아왔던 노하우를 어느 정도 배울 수 있을 것이다. 즉, 자신을 성장시켜줄 수 있는 회사와 부서를 정확하게 정하고 목표로 정해야 한다.

한 예로 우리 아버지는 운영하는 안경원의 직원 채용 면접을 볼 때 첫 질문으로 "궁금한 건 없나요?"라고 한다. 그러면 10명 중 10명이 '연봉'과 '복지'에 대해서 물어본다고 한다. "저에게 무엇을 가르쳐줄 수 있으십니까?" 혹은 "제가 무엇을 배울 수 있습니까?"라고 물어본 사람은 여태 한 명도 없었다고 한다.

Step 3, 회사 입장에서 생각해보기

좋은 직장을 구할 수 있는 마지막 방법은 '회사 입장'에서 생각해보기다. 내가 원하는 회사를 선택했더라도 그 회사는 아직 나를 선택하지 않았다. 우선 본인이 생각하기에 최고의 직장을 먼저 선택한 다음 그 회사에서 당신을 채용해야 하는 이유를 만들어야 한다. 당신이 다른 사람들과 별 다른 차이점이 없다면 회사 입장에서 채용할 이유가 없다. 당신이 좋은 회사에 입사하고 싶다면 당신이 먼저 좋은 직원이 되어야 한다. 회사의 발전에 기여할 수 있고, 성장시킬 수 있는 직원이여야 회사가 필요로 한다.

여기서 중요한 점은 세상엔 우수한 인재들이 굉장히 많기 때문에 당신만의 차별화를 만들어야 한다는 것이다. 회사 입장에서 당신을 필요로 하게 만들어야 한다. "당신은 회사를 위해 무엇을 할 수 있습니까?" 면접을 볼 때 면접관들이 이러한 질문을 할 수도 있다. 미리 자신이 회사에 어떤 이익을 가져다줄 수 있을지 어필할 수 있는 능력을 준비해야 한다. 입사 후에도 지속적으로 회사의 입장에서 회사의 발전을 늘 생각하는 태도로 일해야 회사가 필요로 하는 인재가 될 수 있다.

꼭 필요한 인재가 되자

좋은 직장에 취업하고 싶다면 혹은 승진하고 싶다면 회사에 꼭 필요한 인재가 되어야 한다. 회사는 이익을 만들어내는 곳인데 만약 이익이 되지 않는다면 칼같이 퇴사를 권할 것이다. 회사 입장에서 당신을 꼭 필요로 하게 만들어야 한다. 회사 입장에서는 이익이 된다고 생각되면 그 어떤 연봉과 혜택을 주고서라도 인재를 잡아두려고 한다.

'Give & Take'라는 말을 들어본 적 있을 것이다. 주고받음, 즉 주는 것이 있어야 받는 것이 있다는 것이다. 하지만 사람들은 주로 반대로 생각한다. Take & Give라고 생각하는 것이다. 먼저 받으려고만 하고 주려고 하는 사람은 잘 없다. 회사의 입장에서 보면 이익은 많이 되지 않는 직원이 더 많은 Take를 취하려고 한다면 굉장히 곤란할 것이다. 인재가 되는 방법은 간단하다. 우선 회사나 직장에 Give하면 된다. 그다음 Take를 취하는 것이다. 내가 받는 월급보다 조금 더 많은 이익을 안겨주면 회사 입장에서는 발전 가능성을 보고 연봉 협상에서 높은 연봉을 제시할 것이다. 만약 내가 Give한 이익보다 적은 Take를 받는다면 과감히 퇴사하면 된다. 그곳은 좋은 직장이 아닐 확률이 높다.

나도 미국에서 태권도 도장 일을 할 때 무일푼으로 일을 했다. 월급을 받지 않고 최선을 다해서 가르쳤다. 누구보다 열정적으로 아이들을 지도했으며 원활한 소통을 위해 영어를 열심히 공부했다. 매주 '세미나'를 하며 전문적으로 태권도를 배우고 싶은 수련생들을 대상으로 추가적인 교육을 했고, 한번씩 행사에 참여해 시범도 보였다. 무일푼으로 말이다. 하지만 1년의 생활을 끝내고 돌아갈 쯤엔 사범님께서 엄청난 제안을 하셨다. 그린카드 스폰서, 높은 월급, 학비, 석·박사 지원 등 좋은 제안을 하며 붙잡으셨던 것이다. 나는 이것이 바로 '기브 앤 테이크(Give & Take)의 힘'이라고 생각한다. 나는 아무것도 가진 것이 없는 사람이기 때문에 어쩔 수 없이 먼저 주어야 한다. 이익을 주고, 그다음 내가 인재라는 것을 확실히 보여준 후 그 뒤에 많은 테이크를 취하면 된다.

꼭 필요한 인재가 되어서 무수한 성장의 발판을 만들어야 한다. 기회는 인재에게 찾아온다. 스스로 인재가 되기 위해 남들과 차별화된 전략으로 노력해야 한다.

4장

미래에 도전장을 내미는 우리들

MZ세대여,
해외로 나가라

기회는 해외에 있다

어느 날, 인터넷 신문을 통해 베트남에서 한국형 PC방이 대박 났다는 기사를 봤다. 바로 한국의 PC 기업인 주연테크의 자회사 주연글로시스의 이야기였다. 주연글로시스는 한국의 PC방처럼 내부에서 음식을 시켜 먹을 수 있는 시스템과 깔끔한 인테리어 등을 갖춰 베트남에 한국형 PC방을 창업했고, 성공했다는 내용의 기사였다. 나는 이 기사를 보며 '이제 기회는 해외에 있다'라는 생각을 했다.

해외를 많이 다녀본 나에게 한국 시장은 이미 포화 상태로 보였고 기회가 적은 곳으로 느껴졌다. 여기서 내가 말하는 기회는 자영업 창업, 즉 장사를 하는 기회다. 내가 태권도를 하면서 한국 시장에 대해 세밀히 관찰해봤기 때문에 한국 시장은 이미 포화 상태라는 것을 느꼈다.

한국에서는 한 지역 안에 수많은 태권도장들이 있다. 현재 태권도는 아이들 교육을 위주로 이루어지는데 미래에는 아이들이 점점 줄어들기 때문에 더욱 포화 상태가 될 것으로 예상됐다. 이러한 문제점 때문에 많은 태권도 전공자들이 도장을 창업하기 꺼려하고 다른 분야로 진출한다.

보통 시장이 포화하는 단계에 이르면 두 가지 해결책이 있다. 혁신적인 개혁을 통해 새로운 상품을 개발하는 것과 완전 새로운 시장을 개척하는 것이다. 첫 번째 방법은 같은 시장 안에서 개혁을 통해 완전 새로운 상품을 만들어내는 것이고, 두 번째 방법은 같은 상품을 새로운 시장에 선보이는 것이다. 태권도를 예로 들면, 최근 아이들이 아닌 성인들을 대상으로 한 성인태권도로 새로운 시장을 만들거나 해외에 태권도장을 창업하는 완전 새로운 시장을 개척하는 사범들이 생겼다.

하지만 성인태권도는 발전이 더딘 상태다. 성인들을 대상으로 태권도를 가르치기 위한 준비가 완벽히 되지 않았고, 태권도는 '애들이 하는 운동'이라는 고정관념이 생겨버렸기 때문이다.

하지만 해외에서 태권도 창업을 한 사람들은 어떨까? 미국에 진출해 태권도장을 창업한 사람 중 그 지역에서 인정받아 많은 부와 명예는 물론 성공한 사람으로 인정받는 사람들도 많다. 미국뿐 아니라 중국 또한 사정은 똑같다. 내가 경험해본 중국 태권도는 한국 사범이 부족한 탓에 한국 사범에 대한 수요가 굉장하다. 나는 이러한 점들을 보고 해외에 기회가 있다는 것을 다시 한번 확신했다.

파리에서 도시락을 팔아 성공한 켈리 씨는 마흔이 넘은 나이에 유럽에 진출하여 창업 7년 만에 연매출 5천억 원이라는 고속 성장을 이룬 글로벌 기업, 켈리델리를 만들었다. 켈리 씨는 그저 도시락을 팔았지만 그 장소가 해외였던 것이 경쟁력이 됐던 것이다. 물론 맛도 있고 경영도 잘했겠지만 두려움을 이겨내고 해외에 진출한 것이 성공 포인트였다. 이처럼 지금과 같은 글로벌 시대에 기회는 해외에 있다. 해외로 눈을 돌려야 할 때다. 5천만 시장이 아닌 78억 시장으로 눈을 키워야 한다.

5천만 시장이 아닌 78억 시장으로

나 또한 미국을 가기 전에는 해외 시장에 대해 생각조차 하지 못했다. '내가 어떻게 외국에서 창업을 해?'라는 생각이 무의식중에 있었다. 하지만 미국을 가보니 해외에 대한 두려움이 완전히 깨져버렸다.

미국 랭귀지스쿨에 다닐 때 내 친구들은 전 세계 각국에서 온 사람들이었다. 인도, 사우디, 콜롬비아, 남아공, 유럽, 일본, 대만

등 수많은 곳에서 온 친구들이 많았는데 그 친구들은 하나같이 미국으로 진출하려는 생각이 강했다. 이유는 바로 '아메리칸 드림', 즉 미국이 기회의 땅이기 때문이었다. 기회가 많다는 이유로 이 사람들은 떠나면 미국에서 꿈을 꾸는 것이었다.

이때 나 역시 '기회를 찾아다녀야 한다'라는 생각이 강하게 들었다. '언젠간 상황이 나아지겠지' 하고 기회를 기다리기만 하는 것이 아니라 이 친구들처럼 기회를 찾아 도전해야 된다는 생각을 하게 됐다. 또한 나는 워싱턴 D.C.에서 학교 다닐 때 푸드트럭들을 참 많이 봤다. 일식, 타코, 햄버거, 피자 등 다양한 음식을 파는 푸드트럭들이 줄을 서 있었는데 그중 한 트럭에 늘 많은 사람들이 줄을 서서 기다리고 있었다. 얼마나 맛있는 음식일지 궁금해서 가보니 바로 'Korean BBQ & Fried Chicken'이었다. 한국 불고기와 치킨을 판매하는 푸드트럭이었는데 미국인들이 정말 맛있게 먹었고 서비스로 주는 한국 요구르트도 좋아했다. 이 경험 또한 나에게 해외시장으로 진출해야 한다는 강한 확신을 주었다.

나는 '미국, 중국, 말레이시아, 싱가포르' 이렇게 총 네 개의 나라를 가봤다. 미국은 동부와 서부 둘 다 가봤고 중국은 전역을 다 다녀봤으며 말레이시아에서는 한 달 동안 살았다. 내가 많은 해외 경험을 하고 느낀 것은 한류 열풍이 대단하다는 것이다. K-pop과 K-드라마의 인기로 해외에서 한국인의 인기는 상당하다. 어느 나라를 가든 한국 사람이면 환영해주고 좋아한다. 또한 한국 제품에 대한 관심도 아주 높다. 중국의 한식집은 항상 줄을 서서 먹어야 할 정도다.

반면 한국에서의 창업은 어떨까? 경쟁도 치열하고 보증금과 월세 등이 비싸져서 장사하기 참 힘들다. 한국의 치킨 매장이 전 세계 맥도날드 개수보다 많을 정도니 경쟁이 상당히 치열할 수밖에 없다. 이 같은 상황 때문에 수많은 기업이 이미 해외 시장에 진출했거나 진출 계획 중이다. 이제는 젊은 창업자들에겐 해외 시장이 블루오션이다. 내가 경험해본 해외 시장에서는 한국 상품이 무조건 먹힌다. 물론 차별화된 서비스 없이 그저 '한국'이라는 타이틀만 가지고 사업을 진행하면 실패할 확률이 높겠지만 철저히 준비하고 한국만의 차별화가 있으면 분명 성공할 수 있는 블루오션이 될 것이다.

울타리를 벗어나면 보이는 것들

해외 진출을 할 때 가장 큰 두려움은 현재의 울타리를 벗어나 완전 새로운 환경에 간다는 것이다. 나 또한 처음 해외에 나갈 때는 정말 두려웠다. 한국과는 다른 문화와 언어 그리고 사람들까지 내가 전혀 모르는 것들 투성이었다. 하지만 내가 경험해본 결과 두려워 할 필요가 없었다.

내가 중국이나 해외에서 사업을 할 것이라고 주변 사람들에게 말하면 "그럼 중국에서 살려고?"라는 질문을 굉장히 많이 받는다. 하지만 이건 글로벌 시대의 속사정을 잘 모르고 하는 말이다. 나는 중국에서 학기 중에도 급한 일이 생기면 2박 3일 일정으로 한국을 오다녔다. 베이징에서 인천공항까지는 2시간도 안 걸린다. 서울에서 부산가는 것보다 빨리 도착한다.

이제는 거리의 개념이 달라졌다. 중국에서 사업을 하고 창업을 한다고 해서 한국에서 못 사는 것이 아니다. 현재의 울타리를 버리고 다른 울타리로 가는 것이 아니라 현재의 울타리 옆에 새로운 울타리를 만든다고 생각하면 된다. 언제든 왔다 갔다 하면 된다. 그럼에도 불구하고 해외에 진출할 여력이 부족하다면 온라인 시장을 생각해보는 것도 좋다. 최근에는 한국의 제품을 해외 고객들에게 직배송해주는 판매 방법도 있다. 아마존, 알리바바, 라자다, 쇼피 등 수많은 해외 플랫폼에 글로벌 셀러로 입점하여 한국에서 해외 소비자를 상대로 상품을 판매할 수 있다. 최근 서산시에서는 서산의 농특산물을 미국 온라인 시장에 판매하여 새로운 활로를 개척했다고 한다. 이처럼 두려움을 이겨내고 시장의 파이를 조금 더 키운다면 글로벌 시대에 맞게 사업을 진행할 수 있을 것이다.

해외 진출 전 알아야 할 세 가지

여러 나라를 다녀왔던 경험을 토대로 해외 진출 전 알면 참 좋을 것들을 소개하자면 크게 세 가지가 있다. 첫 번째는 '언어'이고, 두 번째는 '법'이다. 그리고 마지막 세 번째는 '타이밍'이다.

해외에 진출하기로 마음을 먹었으면, 첫 번째로 해야 할 것은 '현지답사'를 통한 언어 습득이다. 진출하기로 마음먹은 나라에 직접 가서 보고 느껴야 한다. 그러면서 언어 공부도 함께할 수 있는 방법이 바로 '어학연수'라고 생각한다. 어학연수를 한 달만 다녀올 수 있는 단기연수가 있기 때문에 시간이 부족한 사람들에게는 단기연수를 추천한다. 하지만 어학연수를 떠나기 전, 현지의 언어를 어느 정도는 배우고 가는 것을 추천한다.

나는 영어와 중국어를 하나도 못하는 상황에서 현지에 갔더니 정말 불편했다. 한국에서 공부를 조금 하고 어느 정도 수준이 됐을 때 현지에서 어학연수를 했다면 훨씬 더 빠른 속도로 실력이 향상됐을 것 같다는 생각을 많이 했다. 나처럼 영알못에 니하오만 아는 상태로 단기연수를 떠난다면 생각보다 큰 발전을 이루기는 힘들 것이다. 또한 어학연수를 갔다면 자신과 함께 온 어학연수생들과는 너무 어울리지 말고 현지에서 생활을 하고 있는 한국인 혹은 현지인들과 친해지는 것을 추천한다. 그래야 그 나라의 문화를 빨리 배울 수 있고 많은 경험담을 들을 수 있을 것이다.

두 번째로 중요한 것은 그 나라의 '법'이다. 예를 들어 내가 처음 중국에 갈 때는 중국에서 사업을 하고 싶었다. 하지만 막상 현지에서 살아보니, 중국은 공산주의 국가고 외국인들이 사업을 하기에 많은 어려움이 있는 나라였다. 제한되는 것도 많고 나라에서 허가를 안 내주는 경우도 많았다. 또한 사업이 좀 잘된다 싶으면 국가에서 여러 제한을 걸어 자국민을 우선적으로 보호해준다. 또한 각 국가에는 그 나라의 세금과 외국인 사업 관련 법 그리고 노동법 등 각각 다른 법이 있기 때문에 진출하기 전 미리 알아보고 진출할 국가를 선택하는 것이 좋다.

마지막으로 '타이밍'을 잘 생각해봐야 한다. 그 현지에서 내가 창업할 아이템에 대한 인식이 어떤지, 사람들의 소비 수준은 어떠한지, 앞으로의 성장 가능성은 어떤지 알아봐야 한다. 창업 아이템이 굉장히 좋을지라도 사람들의 생활 수준이 아직 한국의 상품을 받아들이기에 부족하다면 타이밍이 좋지 않아 창업이 실패할 수 있다. 또한 대부분의 중진국들은 한국의 10년 전 모습이라고 볼 수 있다.

나는 안경에 관심이 많기 때문에 중국에서도 현지의 안경 사업의 흐름을 조사해봤다. 중국의 안경원들은 한국의 10년 전 모습과 같이 전부 대형 쇼핑몰 안에만 있고 로드매장이 있더라도 아주 소규모로 운영되고 있었다. 딱 10~15년 전 한국의 모습이다. 하지만 지금 한국의 안경원들은 로드숍들이 굉장히 많고 대형매장 혹은 프랜차이즈들이 굉장히 많다. 나는 그런 점들과 중국의 성장 속도를 보았을 때 약 5년 안에는 무조건 한국과 비슷한 형태로 안경원들이 운영될 것이라고 예측했다. 그렇다면 미리 한국의 안경원 시스템을 가지고 중국으로 진출한다면 성공할 수 있을 것이다. 이러한 것이 바로 '타이밍'이라 생각한다. 한국의 좋은 서비스와 상품을 아직 성장하지 않은 국가에서 발 빠르게 선점하는 것이 타이밍이다.

따라서 해외 진출을 결심했다면 우선 현지답사를 하여 언어를 배우고 그 나라의 법과 문화를 잘 알아본 뒤, 타이밍을 잘 잡아 진출하는 것을 추천한다. 내가 해외에 많이 다녀봤지만 한국인만큼 똑똑하고 일 잘하는 사람들을 보지 못했다. 한국인은 굉장히 영리하고 개성 있으며 '빨리빨리' 문화 덕분에 일도 굉장히 잘한다. 즉, 두려워할 필요 없다. '내가 어떻게 할 수 있겠어?'라는 마인드만 이겨내면 분명 성공할 수 있을 것이다.

블루오션을 개척하라

태권도계의 돌연변이를 꿈꾸다

나는 고등학교 시절까지만 하더라도 태권도 품새 종목에서 유망한 선수였다. 성적도 좋았고 대학교까지 진학해서 계속 선수 생활을 했다면 국가대표도 될 수 있었을 것이다. 우리 사범님은 아직도 한 번씩 아쉬움을 표현하신다. "계속 했다면 국가대표를 만들 수 있었다"고 하면서 말이다. 나 또한 약간의 아쉬움이 있는 것은 사실이다. 한때 내 꿈은 태권도 1등, 즉 국가대표가 되는 것이었기 때문에 '만약 내가 국가대표가 되고 세계대회에서 우승을 했다면 어땠을까?' 하는 상상을 하게 된다.

나는 선수 생활을 그만두고 참 다양한 것들을 많이 했다. 사실 운동선수가 가는 길과는 정반대였다. 공부를 하고, 외국어를 배우고, 장사를 했다. 최근에는 몸까지 키우고 있다. 나는 왜 이런 선택을 했을까? 이유는 간단하다. 경쟁자가 많으면 확률은 줄어든다. 나는 나만의 길을 개척하여 아무도 따라 할 수 없는 새로운 길을 만들고 싶었다.

"태권도 하려면 몸 키우면 안 되는 거 아니야?" 내가 최근 헬스를 열심히 해서 몸집이 커지니 자주 듣는 소리다. 큰 근육들이 순발력이 필요한 태권도에 적합하지 않다는 지적이다. 하지만 나는 태권도계의 돌연변이가 되고 싶다. 헬스를 하게 된 계기는 태권도인들이 무시를 받는 경향 때문이었다. 유도, 레슬링, 복싱 등 다른 종목의 스포츠는 딱 봐도 멋진 체형과 몸집을 가지고 있는 것에 비해 태권도인들은 오히려 몸집이 왜소하거나 혹은 배가 나온 선수들도 있다. 물론 겨루기 선수들은 체중 관리 때문에 마른 경우가 있지만 품새 선수들이나 사범, 코치들은 무도인다운 몸이 아닌 경우가 많다. 그래서 나는 누가 봐도 '운동하는 사람'으로 보이고 싶었고 "무슨 운동하세요?" 했을 때 자랑스럽게 "태권도 합니다"라고 말하고 싶었다.

그렇게 시작한 몸 만들기 프로젝트였는데 계속 하다 보니 기회가 보였다. 헬스장에는 청소년, 성인, 어르신 등 남녀노소 할 것 없이 많은 사람들이 운동을 한다. 그 모습이 나는 참 부러웠다. 현재 태권도장에는 어린이밖에 없는 경우가 많기 때문에 헬스장의 분위기가 참 부러웠다. 그래서 나는 태권도장도 헬스장처럼 만들고 싶었다.

하지만 현재의 태권도 시스템과 교육방식을 가지고 혁신을 하기에는 어려움이 있다고 생각했다. 그래서 나는 공방(攻防)이 있는 우슈와 재활을 할 수 있는 태극권과 신체를 아름답게 만들 수 있는 피트니스까지 다 배우고 있다. 다른 사람들이 보면 '태권도 선수면 태권도를 열심히 해야지'라고 생각할 수도 있지만 나는 완전 새로운 태권도를 만들어보고 싶다. 헬스장처럼 남녀노소 누구나 우리나라 전통 무예인 태권도를 배울 수 있는 환경을 만들고 싶다.

고정관념을 깨면 새로운 시장이 보인다

나는 그렇게 태권도의 혁신을 통해 새로운 시장을 개척하려 한다. 바로 '블루오션'을 찾고 미리 선점하는 것이다. 미래에 도전장을 내미는 사람들이라면 남들이 다 하는 것에 도전하는 것보다 완전 새로운 것을 만들어내야 한다. '레드오션'에서 치열하게 경쟁하여 열심히 해도 부족한 성과를 만들어내는 것보다 '블루오션'을 새롭게 개척하는 것이다. 만약 내가 일반적인 방식으로 태권도를 계속 수련하여 태권도장을 창업했다면 어떨까? 수많은 도장들과 경쟁해야 하고 성공할 수 있는 확률은 줄어들 것이다. 하지만 완전 새로운 태권도를 만들어내서 블루오션을 개척한다면 이야기는 달라질 것이다.

새로운 시장을 개척하는 방법은 다양하다. 상품으로 예를 들면, 완전 새로운 아이디어 상품을 출시하는 것, 원래 있던 제품을 다른 상품과 퓨전하는 것 그리고 원래 있던 제품을 새로운 시장에 판매하는 방법 등이 있다. 최초의 아이폰이 어떻게 만들어졌는지 아는가? MP3를 들고 다니는 것을 불편하게 여겼던 스티브 잡스가 핸드폰과 MP3를 결합하여 만든 것이 최초의 아이폰이라고 한다. 이처럼 다른 사람들의 고정관념을 확 깨버리는 새로운 시장을 개척하는 마인드가 필요하다.

나는 새로운 시장을 개척하는 아이디어를 얻는 나만의 방법이 있다. 바로 완전 다른 분야의 사람들과 대화하고 교류하는 것이다. 그러면 생각지도 못한 아이디어가 떠오를 수 있다. 가령 나는 태권도를 하는 사람이지만 장사를 하는 사람과 대화를 해보면 장사하는 사람의 입장에서 어떻게 수익을 극대화하고 소비자를 끌어당길 수 있는지에 대한 힌트를 얻을 수 있다. 또한 음악을 하는 사람과 교류하면 태권도에 어떻게 음악을 접목시킬 수 있는지 힌트를 얻을 수도 있다. 각 분야의 다양한 사람들과 교류하면 이처럼 새로운 시장을 개척하는 아이디어를 얻을 수 있다.

아무도 따라 할 수 없는 것을 만들어라

블루오션을 만들기만 해서 모든 것이 해결되는 것은 아니다. 처음엔 블루오션이지만 따라 하기 쉬운 것은 많은 사람들이 곧바로 따라 할 것이다. 그렇기 때문에 아무도 따라 할 수 없는 '가치'를 함께 만들어야 한다.

다시 아이폰 이야기를 해보자면 아이폰이 출시된 이후 전 세계의 수많은 기업들이 스마트폰 시장으로 넘어왔다. 우리나라의 삼성, LG, 팬택 등의 회사가 스마트폰을 만들기 시작했고 중국에서는 화웨이, 샤오미 등 수많은 회사들이 스마트폰을 만들었다. 하지만 현재까지도 아이폰은 스마트폰 시장 점유율 1~2위다. 아이폰은 그저 블루오션을 만들기만 한 것뿐만 아니라 '아이폰' 자체에 감성과 가치를 부여했다. 그래서 다른 회사의 스마트폰들보다 가격이 비싼 편인데도 굳이 아이폰을 선택하는 소비자들이 생기는 것이다. 성능이 부족하거나 우리나라 사람들이 쓰기 불편한 점이 있더라도 아이폰을 구매하는 이유는 아이폰만의 '가치' 때문이다. 화웨이나 샤오미와 같은 중국 기업들이 미국의 기술력을 카피할 수는 있어도 그 가치는 카피할 수 없다. 이처럼 블루오션을 개척하는 것과 동시에 나의 서비스와 제품에 가치를 더해야 한다.

요식업이라고 가정한다면 맛이 될 수도 있고, 상품이라고 한다면 성능, 디자인 혹은 가격 등이 될 수 있다. 서비스라고 한다면 부가가치, 기술, 정보 등이 될 수 있다. 이처럼 본인만의 가치를 만들어내는 것이 오래 살아남을 수 있는 방법이다. 본인만의 가치를 만들어내는 방법은 사실 쉽다. 남들이 하기 싫어하는 것, 하기 어려운 것, 또는 상상도 못했던 것들을 하는 것이다.

나는 현재 이 '가치'를 만들어내기 위해 운동선수들이 어려워하는 외국어를 배우고 유학을 한다. 또한 운동과는 전혀 다른 분야인 장사를 해서 비즈니스를 배우고 태권도에 더해 우슈와 태극권도 배우며 나만의 블루오션에 가치를 더하고 있는 중이다. 또한 둔해질까 봐 꺼리는 피트니스까지 배우며 한 단계 성장하고 있다. 내가 만약 블루오션을 개척하여 새로운 태권도를 시장에 선보여 성공한다면 다른 태권도인들은 나를 쉽게 따라 하지 못할 것이다. 여러분들도 돌연변이가 되어야 한다. 직장인이라면 다른 직원들은 따라 하지 못할 능력이 있어야 승진할 수 있을 것이고 사업하는 사람이라면 그 누구도 따라할 수 없는 가치를 만들어야 성공할 수 있을 것이다.

블루오션 인재가 되어야 한다

사업을 하거나 창업을 할 때만 블루오션을 개척해야 하는 것은 아니다. 본인 스스로도 완전 새로운 블루오션 인재가 되어야 한다. 남들이 다 가지고 있는 스펙만 가지고 있으면 취업이 힘들다. 차별점이 없기 때문이다. 예전에는 영어를 할 수 있는 사람이 많이 없었기 때문에 영어 성적이 굉장히 중요한 스펙이었다. 하지만 지금의 취준생들은 대부분 영어 성적이 좋고 이외에도 여러 스펙이 있기 때문에 영어는 당연한 것이 돼버렸다. 취업을 잘하기 위해서는 자신만이 가지고 있는 스펙과 가치가 있어야 한다. 생각지도 못한 차별화 말이다.

《미친 실행력》(라온북, 2015.)의 박성진 저자는 지방대 출신에 공모전 수상 경험 전무, 토익 점수 0점의 스펙으로 대기업에 입사했는데, 박성진 저자의 유일한 스펙은 바로 '실행력'이었다. 상상만으로 끝내지 않고 항상 실행을 하는 그의 실행력이 대기업에 취업할 수 있는 스펙이었던 것이다.

이처럼 이제는 자신만의 스펙을 만들어 스스로를 차별화된 사람으로 만들어야 할 때다. 그 스펙은 돌파력이 될 수도 있고, 협동력이 될 수도 있으며, 실행력이 될 수도 있다. 한마디로 돌연변이가 되어야 한다. 남들과는 완전히 다른, 새로운 스펙을 가진 사람이 되어야 한다.

문제를 찾고 해결하는 것이 바로 기회다

2030, 창업을 권한다

나는 우리들이 맞이하는 4차 산업혁명 시대에서는 창업과 비즈니스가 반드시 필요할 것이라고 생각한다. 직장인도 예외는 아니다. 현재는 직장생활을 하는 사람 또한 언젠가는 자신만의 비즈니스를 해야만 하는 시기가 올 것이다. 내가 이토록 창업을 강조하는 이유는 크게 세 가지다.

첫째, 일자리가 점점 줄어들기 때문이다. 최근 일자리 문제로 대한민국이 떠들썩하다. "하반기 대졸 채용도 '바늘구멍'…기업 57%만 채용계획"(서미숙, 〈연합뉴스〉, 2020. 2. 18.) 기사를 보면 취업 정보 사이트 인크루트가 상장사 530곳을 대상으로 진행한 설문 조사 결과, 2020년 하반기 대졸 신입사원 채용 계획이 2019년에 비해 9.6% 감소했다고 한다. 대기업의 경우 채용 인원이 42,836명이었는데, 29,720명으로 감소한 것이다. 현대자동차와 LG그룹은 사실상 공채를 폐지하고 전면 수시 채용으로 전환했고 SK그룹도 2022년부터 공채를 폐지한다고 한다. 이처럼 대기업뿐만 아니라 중견기업, 중소기업도 점점 채용 인원 수를 줄이고 있다. 또한 AI로 대체 가능한 일자리도 점점 늘어나고 있다. 2021년 한국경제연구원 통계 자료에 따르면 2010년 이후 최근 11년간(2010~2020년) 연평균 청년실업률(15~29세)은 8.7%로 전체 실업률 3.6%의 2.4배에 달한 것으로 나타났다.

이처럼 청년 실업률은 매해 계속 증가되고 있는 추세이고 코로나19의 영향으로 그 속도도 점점 빨라지고 있는 상황이다. 이렇게 일자리가 줄어드는 상황에서는 자신만의 비즈니스를 생각해봐야 한다. 단기적으로는 자본을 모아야 할 필요가 있기 때문에 근로 수익 창출을 할 수 있지만 장기적으로는 창업을 고려해야 할 때다. 일자리는 줄어들고 있지만 기술의 발달로 비즈니스 환경은 훨씬 편해지고 온라인 시장으로 인해 진입 장벽은 낮아졌다.

둘째, 평생 직장이 없어졌기 때문이다. 한 회사에서 정년퇴직까지 근무하는 경우가 줄어들고 있어 40~50대에는 퇴직 준비를 해야 할 가능성이 높다. 정년까지 버티며 한 회사에 근무하기란 정말 힘든 일이기에 예전처럼 정년퇴직만 바라보기 힘들다. 즉,

퇴직 이후의 생활도 고려해야 한다는 말이다.

셋째, 100세 시대가 열렸다. 50대에 퇴직해도 50년을 더 살아야 한다는 뜻이다. 그렇다면 남은 50년 동안 다시 돈을 벌면서 살아남아야 한다. 이미 정년퇴직을 하고 50대가 넘는 나이에 재취업을 하기란 매우 어려울 것이다. 그렇다면 퇴직을 한 이후에 자신만의 노하우와 경험을 바탕으로 창업을 해야 하는 상황이 올 것이다. 이젠 창업 및 사업은 선택이 아닌 필수다.

문제점 속에 사업의 기회가 있다

창업을 시작하기로 결심할 때 가장 먼저 해야 할 것은 무엇일까? 나는 무엇보다 시장의 문제점을 파악하는 일이라고 생각한다. 중국 알리바바 기업의 창업자 마윈은 이런 말을 했다.

"나는 변화의 시대에 감사한다. 많은 사람들이 불만을 갖는 것에 감사한다. 다른 사람들이 불평불만할 때가 당신에게는 기회다. 세상이 변할 때 우리는 내가 원하는 것이 무엇인지, 버릴 것이 무엇인지를 확실히 알 수 있다."

세상은 빠른 속도로 바뀌고 있다. 식당과 로드숍 등 오프라인의 소매업은 점차 사라지고 온라인 플랫폼으로 사람들이 몰리는 추세다. 게다가 한번 온라인으로 진입한 소비자는 코로나19가 끝난다고 해서 다시 오프라인 시장으로 100% 돌아오기 힘들 것이다. 길들여진 비대면 문화 습관을 바꾸는 것은 그만큼 어려운 데다가 온라인 시장의 성장과 발전이 점점 가속화되고 있기 때문이다.

소비 패턴의 변화도 감지해야 한다. 1인 가구와 맞벌이 가구의 증가는 밀키트 시장을 확대했고, 사회적 고령화가 빠르게 진행되면서 일자리의 판도도 하루가 다르게 바뀌고 있다. 이미 베이비붐 세대(1955~1974년 출생자)가 은퇴를 시작하고 있다. 이렇게 급변하는 세상의 흐름에 그저 따라가기만 해서는 안 된다. 비즈니스에선 소비자의 불만은 곧 기회로 연결되기 때문에 변화의 흐름을 잘 감지하고 그 변화 속에 숨은 소비자의 욕구와 불안 그리고 불만 지점을 찾아야 한다.

쿠팡, 거대 공룡이 되다

코로나19의 영향으로 급속도로 변한 시장 환경에서 가장 성공한 기업은 바로 '쿠팡'이다. 쿠팡은 비대면 문화 확산으로 2021년 2분기 매출 5조 원을 넘겼다고 한다. 오프라인 유통기업의 최강자인 '이마트'를 턱밑까지 추격했다. 쿠팡은 비대면 문화가 확산되자 '로켓배송'을 더욱 강조하여 하루 만에 상품을 배송해주는 시스템을 갖추고 '로켓프레시' 서비스를 도입해 실생활의 먹거리도 빠른 배송을 해주는 시스템을 갖췄다. 이는 '오프라인

매장은 코로나19 감염이 걱정된다'라는 소비자의 불만을 빠르게 파악하여 기회로 바꾼 것이다. 온라인 플랫폼으로 구매 소비가 확대되는 추세를 정확히 파악하고 공격적으로 마케팅하고 시장을 확대한 결과라고 볼 수 있다.

하지만 이렇게 쉽게 드러나는 '불만'을 캐치하고 이를 발 빠르게 운영 전반에 반영하기 위해서는 '쿠팡'이란 기업이 그랬듯, 자금력 확보가 가능해야 한다. 변화의 물결에 대기업들이 먼저 올라타고 장수하는 비결이 여기에 있다.

반면 이제 막 창업을 준비하는 사람들이 이런 대기업의 자본을 이기기 힘들다. 이러한 현실을 잘 알았기에, 처음 온라인 마케팅 사업을 시작하기로 마음먹었을 때 나는 소자본, 소규모의 온라인 마케팅이 소비자에게 접근할 수 있는 틈새 방안을 찾아야 했다. '이제 막 시작하는 사람은 어떻게 소비자의 니즈를 파악해야 하고 그것을 기회로 바꿀 수 있을까?'에 대한 나의 고민은 이렇게 시작되었다.

자신의 무기 분야에서 문제를 찾고 해결하라

내가 고민 끝에 찾은 해답은, 무기가 되는 자신의 분야를 찾고 그 안에서 문제를 파악하고 이를 해결하는 것이었다. 이제 막 창업을 준비하고 시작하려는 사람은 세상의 변화와 흐름을 파악하는 동시에 본인 분야의 흐름도 읽어야 한다. 우선 자신의 무기부터 만들어야 한다. 그다음 본인 무기와 관련된 분야의 변화와 흐름을 읽어야 한다. 그 변화는 전체적인 사회적 분위기의 영향으로 바뀐 것일 수도 있고 그 분야 자체적인 변화일 수도 있다.

예를 들면 태권도계에는 세 가지 변화가 있다. 첫 번째는 사회적 변화 속 태권도의 변화고, 두 번째는 태권도 자체적인 변화이며, 세 번째는 숨은 니즈를 포착한 변화다. 비대면 문화의 확산으로 태권도장들은 점점 온라인 수업과 온라인 대회에 관심을 가지기 시작했고 변화했다. 또한 최근 어린이들은 다양한 사교육을 받는 경향이 있기 때문에 주 5일 수업이 필수였던 과거와는 다르게 주 1회, 주 3회 등 다양한 스케줄이 나오고 있다. 이러한 변화는 사회적인 분위기와 흐름에 따라 변화한 것이다.

하지만 인성 교육과 줄넘기 교육 프로그램 등은 태권도계 자체적으로 변화한 것이다. 다른 도장과 차별화를 만들어내기 위해 자신들만의 프로그램을 새롭게 만들어내는 것이다. 그리고 내가 말하는 '본인의 분야에서 문제점, 즉 소비자의 불만을 찾아라'의 의미는 이처럼 흐름에 따라가야 한다는 뜻이 아니다. 또 다른 경쟁자들이 변화하는 것을 그대로 따라 내 사업을 진행하는 것은 차별화가 아니다. 내가 말하는 '불만'의 진정한 의미는 '소비자조차도 인지하지 못하는 불만 혹은 니즈'라고 할 수 있다.

나는 최근 사람들이 '보디프로필'에 많이 도전한다는 흐름을 캐치했다. SNS의 확산으로 사람들이 점점 자신을 표현하고 싶어 하고 온라인에서 다양한 사람들과 소통하기를 원한다. 인간의 본성 중 하나인 '뽐내기'를 SNS가 더욱 증폭시킨 것이다.

또한 체육계도 많은 변화가 생기고 있다. 엘리트 체육에서 점점 생활 체육으로 변화되는 시점이다. 과거에는 전문 엘리트 체육인들이 많았다면 현재는 취미로 스포츠를 즐기는 생활 체육인들이 많아지고 있고 체육협회 또한 그에 맞춰 변화하고 있다. 이제는 사람들이 퇴근 후 자신의 취미생활 갖기에 관심을 가진다는 이야기다. 이와 같은 흐름과 변화 덕분에 피트니스 업계는 큰 성장을 할 수 있었다. 사람들이 몸 관리에 관심을 갖기 시작하고 퇴근 후 자기 관리하는 수단으로 '운동'을 선택한 것이다. SNS에 운동하는 모습이나 자신의 몸을 업로드하여 사람들과 소통하고 뽐낸다.

나는 이러한 변화를 태권도에 적용하고 싶었다. 즉, 태권도를 통해 성인들에겐 멋진 몸과 더불어 화려한 발차기를 할 수 있는

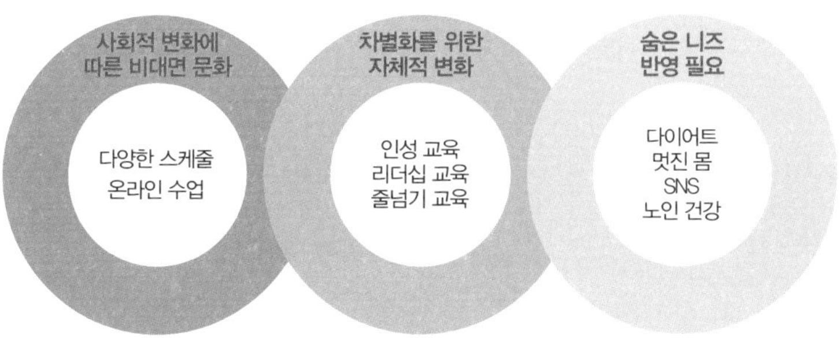

기회, 나아가 자신을 뽐낼 수 있는 기회를 주는 것이다. 그리고 여성들에게는 날씬한 몸매를 만들 수 있는 다이어트 태권도, 어르신들은 체력 관리와 건강 관리를 할 수 있는 태극권을 접목한 태권도를 가르치고 싶었다. 이것이 바로 내가 주장하는 '소비자도 모르는 불만 혹은 니즈'다.

이렇게 자신의 분야에서 니즈를 찾아내고 해결을 하려면 우선 세상의 흐름을 알고 있어야 한다. 작은 변화도 잘 포착해야 하고 알고 있어야 한다. 그 분야의 전체적인 변화에 대해서도 잘 알고 있어야 한다. '태권도'라는 분야뿐만 아니라 '체육'이라는 분야를 잘 알아야 한다는 뜻이다. 그런 다음 가장 중요한 것이 자신의 무기와 관련된 업계에서 일을 해보는 것이다. 직접 일을 하며 그 업계가 어떻게 변화하고 있는지, 소비자들이 무엇을 원하는지 잘 파악해야 한다.

나는 안경 쇼핑몰을 창업하기 전, 약 3년간 안경 판매 아르바이트를 했었다. 안경 판매를 해보니 업계의 흐름이 '티타늄'으로 변화하고 있었다. 과거에는 저렴한 것이 잘 팔리는 안경테였는데 이제는 소비자들이 '고급'을 좋아한다는 것이다. 또 한 가지 흐름이 바로 '가성비'였다. 현대 사람들은 가성비를 중요하게 생각한다. 이 제품이 가격 대비 괜찮은지 파악한다는 것이다. 또 다른 흐름은 바로 '온라인 구매'였다. 점점 오프라인보다 온라인 구매가 더 많아지고 있었다. 그래서 나는 100% 티타늄 안경테를 합리적인 가격에 판매하는 안경테 쇼핑몰을 만들 수 있었다.

이처럼 직접 경험해보고 느껴봐야 흐름을 잘 읽을 수 있다. 소비자들이 무엇을 원하는지 어떤 것이 불만인지 잘 읽고 문제를 해결하는 창업 아이템을 만들어야 한다.

가치를 더하는 '원츠'를 만들어라

문제를 기회로 만들었다면 나는 '브랜딩'을 하라고 추천하고 싶다. 브랜딩이란 자신의 서비스와 제품에 가치를 더하는 작업이다. 나는 미래의 시장에서 브랜딩은 필수라고 생각한다. 본인의 비즈니스뿐 아니라 자기 자신도 브랜딩을 해야 하는 시대다.

브랜딩을 하기 위해선 가장 먼저 본인의 비즈니스가 제공하는 가장 중요한 '가치'가 무엇인지 정확하게 알고 있어야 한다. 어떤 문제를 해결하여 새롭게 시장에 선보였는지, 기존에 있던 것들과는 어떤 점이 다른지 부각시켜야 한다.

아무런 차별화 없는 브랜딩과 창업은 오래가지 못한다. 차별화는 가격이 될 수도 있고 서비스, 프로그램, 디자인, 재미 등 수많은 것들이 될 수 있다. 본인이 하려는 창업 아이템의 가장 돋보이는 차별화를 브랜딩하여 소비자들에게 가치를 더해야 한다. 사업만 브랜딩을 해야 하는 것은 아니다. 이젠 본인도 '셀프 브랜딩'을 해야 하는 시대라고 생각한다. 당신이 무엇을 하는 사람인지, 어떤 사람인지 정확하게 보여줄 수 있어야 한다. 그다음 남들과는 어떤 차별화된 '가치'가 있는 사람인가를 파악하여 이를 발전시키고 이를 중심으로 브랜딩해야 한다.

마지막으로 그 차별화를 이루어내기 위해 노력해야 한다. 셀프 브랜딩을 하는 방법은 상품 브랜딩을 하는 것과 똑같다. 공부를 하고, 연습을 해보고, 성장해야 하며, 장애물이 생긴다면 과감히 돌파해야 한다. 그렇게 자신의 무기를 아주 날카롭게 잘 다듬고 차별화를 만들어낸다면 셀프 브랜딩을 수월하게 할 수 있을 것이다.

꼭 일찍 성공할 필요는 없다

지나치게 이른 성공은 독이다

MZ세대는 일찍 성공하고 싶다는 바람이 강한 것 같다. 주변 친구들만 보더라도 20대에 외제차를 타고 싶어 하는 사람도 자주 보이고 많은 돈을 빨리 벌고 싶어 하는 주변 동료들도 많다. 나 또한 몇 년 전까지만 하더라도 하루 빨리 돈을 많이 벌고 싶었고 성공해서 인정받고 싶었다. 나는 자동차를 굉장히 좋아하고 운전하는 것을 좋아하기 때문에 하루 빨리 성공해서 좋은 차를 타고 드라이브를 가는 것이 소원이었을 정도다. 빨리 성공을 하고 부자가 되고 싶다고 마음먹는 것은 나쁘지 않다. 오히려 좋은 생각이라고 나는 여긴다. 때로는 스스로에게 동기부여가 되고 강한 행동력을 불러올 수도 있기 때문에 부정적인 측면만 있는 것은 아니라고 생각한다.

하지만 어느 날 도전과 행동을 하든 안 하든 젊은 시절에 빨리 성공하고 싶다는 마인드는 자칫 위험한 생각일 수도 있다고 느꼈고, 그 순간 일찍 부자가 되고 싶다는 나의 바람이 한순간에 싹 사라졌다. 빨리 성공하고 싶어 여러 가지 미션들을 만들고 돈을 많이 벌 수 있는 방법을 모색하고 있을 때, 나 스스로가 물질적인 풍요로움을 '성공'의 유일한 기준으로 점점 세우고 있는 것이었다. 한마디로 '돈'만 많이 벌고 싶어 했다. 그러다 보니 내 장기적인 꿈과 사명과는 다르게 물질적인 것만 보게 되었다.

예를 들어, 태권도 사업을 하려고 마음먹었는데 앞서 말한 '고객의 니즈를 파악하고, 차별화를 만들고, 좋은 교육으로 소비자에게 혁신적인 교육을 제공하겠다'는 생각은 전혀 안 하고 그저 '한 명당 ○만 원의 순수익이 생기니까 월 ○○만 원을 벌려면 ○○명의 수련생이 필요해'라는 계산적인 마인드가 생기는 것이다. 나는 평소에 수련생들을 돈으로만 바라보며 태권도의 본질적인 교육이 아닌 마치 돌봄 서비스를 제공하는 듯한 태권도장을 보며 비판했는데 정작 나 자신도 그렇게 생각하고 준비하는 것이었다. 이때 스스로 참 많이 반성했다.

일찍 성공하는 것을 바라는 것은 분명 좋은 생각이지만, 주로 일찍 성공하고 싶어 하는 사람은 물질적인 것만 생각하게 되고 마음이 급해진다. 그래서 실수와 실패를 경험하게 되는 경우도 많고 설사 운 좋게 성공했다고 해도 그 성공을 유지하기엔 준비가 되어 있지 않아 힘들다.

성공도 적절한 시기에 해야 유지가 가능하다

인문학 책을 읽으면 사람의 인생을 자연에 비유하는 경우가 많다. 자연에는 사계절이 있는데 봄에는 씨앗을 뿌리고, 여름에는 물과 거름을 주며, 가을에는 수확하고, 겨울에는 수확한 곡식들로 추위를 견딘다. 이는 사람의 인생과 매우 비슷하다고 느꼈다. 어린 시절에는 교육이라는 씨앗을 뿌리고, 청년일 땐 도전하고 노력하며 성장하고, 중년을 맞이할 땐 돈을 벌고 재산을 쌓는다. 그리고 마지막 노년기에 재산으로 노후를 살아간다.

이러한 사람의 인생을 자연에 비유했을 때, 만약 일찍 성공한다면 어떻게 될까? 여름에는 물과 거름을 주며 성장하는 시기인데 벌써 수확을 해버렸다. 그렇다면 수확한 것으로 가을과 겨울 모두를 버텨야 하는데 일찍 성공한 사람들은 그 '부'가 평생 갈 것이라 생각하고 쉽게 써버리는 경우가 많다. 물론 잘 관리하고 더 많은 '부'를 만드는 사람도 있지만 대부분 빨리 얻은 성공은 빨리 없어지기 마련이다.

한 예시로 한 대학생이 과일빙수로 창업을 했는데, 유명세를 얻어 여러 체인점을 오픈해 대박을 터뜨렸다고 한다. 이 대학생은 젊은 나이에 대표를 하며 많은 돈을 벌고 사업적으로 성공했다. 하지만 결과는 참담했다. 이 창업자는 도박과 주식으로 재산을 탕진하고 수십억 원의 사기까지 시도하다 구속되는 처지가 됐다고 한다. 젊은 나이에 준비 없이 큰돈을 쥔 것이 오히려 자신을 망치는 독이 된 것이다.

옛말에 '소년등과일불행(少年登科一不幸)'이라는 말이 있다. 인생에는 3대 불행이 있다고 하는데, 그중 하나가 이 소년등과일불행이다. 그 의미는 어려서 과거에 급제한 것, 즉 일찍 성공한 것이다. 어떻게 보면 젊을 때 빠른 성공을 한다면 더없이 좋을 거 같은데 왜 3대 불행 중 하나일까? 그 이유는 어린 나이에 성공을 하면 자칫 자만과 오만에 빠져 폭주하다 스스로를 통제하지 못하고 패가망신하는 경우가 많기 때문이다. 이처럼 성공을 갈망하는 것은 바람직한 생각과 다짐이지만 빨리 성공해야 한다는 마음은 위험할 수 있다.

마인드 리셋, 20대는 도전하기에 아름답다

그렇다면 우리는 왜 20대의 젊은 나이에 성공하고 돈을 많이 벌고 싶어 할까? 내 생각엔 SNS 문화의 확산으로 '빠른 성공'을 갈망하는 심리가 생긴 것 같다. 최근에는 '영앤리치'라는 말이 자주 나온다. 젊은 부자를 의미하는 말인데 바로 SNS에 이러한 영앤리치한 사람들이 자신의 일상을 많이 올린다. 영앤리치들이 좋은 차를 타고, 좋은 집에 살고, 맛있는 것을 먹고, 좋은 곳에 여행 다니는 것을 핸드폰 속 화면으로 보면 마치 자신은 20대를 잘못 보내고 있는 듯한 생각마저 든다. 가장 건강하고 예쁘고 멋있는 20대를 즐기지 못하고 힘들게만 사는 것 같은 기분이 든다. 심지어는 패배자가 된 것 같은 느낌을 받을 때도 있다. 나 또한 SNS 때문에 빨리 성공하고 싶다는 생각이 들었다.

하지만 나는 20대의 진정한 아름다움은 바로 '도전'이라고 생각한다. 어떠한 어려움이 있어도 젊음이란 무기로 장애물들을 돌파하며 도전하고 성취하는 경험이 바로 가장 멋있는 젊음이라 생각된다. 젊은 시절에는 무엇이든 다 해볼 수 있는 패기와 체력이 있다. 또한 책임져야 할 가정이 없는 경우도 많다. 말 그대로 생각하는 것을 무엇이든 다 해보고 성취할 수 있는 소중한 시간인 것이다.

따라서 20~30대 젊은 나이에는 돈보다는 기회와 도전을 갈망하라는 말을 하고 싶다. 당장 몇 백만 원 벌어서 좋은 명품 사는 것을 갈망하는 것이 아닌 자신이 성장하고 도전해보고 성취해보고 때론 실패도 해보는 경험과 기회를 쫓아야 한다. 20대에 가장 멋있는 순간을 사진으로 간직해보는 보디프로필이나 화보 촬영에 도전해보고, 스스로 돈을 만들어보는 경험에 도전해보며, 순수한 사랑에 도전해보고, 공모전이나 대회 등 성취할 수 있는 것들에 도전해보자. 명품 옷 사는 것보다 더 큰 행복감을 느낄 수 있다. 이렇듯 나는 20~30대 친구들에게 마인드를 리셋하자고 권하고 싶다. '20대에 빨리 돈을 많이 벌어야 멋있는 인생이다'라는 마인드를 잠시 접어두고 '20대에 젊음을 무기 삼아 최대한 많은 도전을 해본다'라는 마인드를 가져야 할 때다. 돈에 내 젊음을 바치지 말고 내 젊음을 온전히 느끼고 사용하여 멋진 20대를 보내는 것이다. 비록 도전에 실패할지라도 20대는 도전 그 자체로 아름다운 시기라 생각한다.

돌파하기 위해선 끈기가 필요하다

해외에서 내가 느낀 것은 '한국만큼 일처리가 빠르고 잘되는 나라는 없다'였다. 미국과 중국 그리고 동남아 등에 가서 행정 업무나 개인 업무를 볼 때 항상 느낀 것은 너무 느리고 일처리를 잘하지 못한다는 것이었다. 중국 유학 시절, 학교 업무를 진행할 때면 평균 일주일 이상이 걸릴 정도였다. '왜 그럴까?' 생각해보면 우리나라에는 '빨리빨리' 문화가 있기 때문에 그런 것이 아닐까 생각된다.

우리는 항상 '빨리' 하는 것을 강조한다. 외국에서는 엘리베이터를 탈 때 '닫힘'을 누르는 사람을 거의 못 봤다. 하지만 우리나라에서는 흔히 볼 수 있는 광경이다. 나는 이 빨리빨리 문화가

장점도 참 많다고 생각하지만 반면에 단점도 있다고 생각한다. 바로 '빨리 성취해야 한다'라는 생각을 가지기 쉽다는 것이다.

예를 들어 미국과 중국에서는 2년 동안 태권도를 수련해야 검은띠를 딸 수 있다. 하지만 우리나라는 1년만 수련하면 검은띠를 취득한다. 미국과 중국의 수련생들은 그 2년이라는 시간 자체를 소중히 생각하고 즐긴다. 'Black Belt'가 얼마나 가치 있는 성취인지 아는 사람들은 그 수련의 시간 자체를 즐긴다.

하지만 우리나라 수련생들은 조금 다르다. 빨리 단증을 따고 싶어 하는 사람들이 참 많다. 아이들도 '수련' 자체에 흥미를 느끼지 못하고, 하루 빨리 검은띠를 따서 자랑하고 싶어 하는 친구들도 많이 보인다. 심지어 돈을 조금 더 받고 '특강'이라는 명목으로 3개월, 6개월 만에 단증을 취득하게 도와주는 도장도 있을 정도다.

이러한 '빨리빨리'의 단점은 돌파력을 키우지 못하게 하는 것이다. 정말 해결하기 어려운 장애물은 무조건 '끈기'가 필요하다. 작은 문제점들은 빠르고 쉽게 돌파할 수 있을지 몰라도 큰 장애물은 반드시 끈기와 인내가 필요하기 마련이다. 쉽게 말해 빨리 성취할 수 있는 것은 물론 좋지만, 성급한 마음을 가지고 조바심을 내며 돌파하려고 하면 안 된다는 말이다. 당장 눈앞에 어렵고 해결하기 힘든 장애물이 생겼다면 성급한 마인드로 해결하려 하지 말고 끈기 있는 행동으로 돌파해야 한다. 지속적인 물 한 방울이 바위를 뚫는다. 끈기 있는 자세로 꾸준히 노력하면 언젠간 장애물을 돌파할 수 있을 것이다.

인생은 장기 레이스

육상경기를 보면 스타트라인에서 출발할 때 가장 빠른 선수가 꼭 1등을 하진 않는다. 계속 달리다 보면 순위가 바뀌는 경우가 허다하다. 또한 마지막 결승선을 눈앞에 두고 발을 헛디뎌 넘어지는 선수들도 있다. 장거리 경기는 더욱 이러한 경우가 많다. 이처럼 성공과 결과는 결승선에서 정해진다.

우리 인생도 마찬가지라고 생각한다. 우리 인생은 100m 단거리 경주가 아닌 장거리 경기라고 볼 수 있다. 젊은 나이에 성공하는 사람이 꼭 결승선에서 1등이 된다는 보장은 없다는 말이다. 비록 스타트는 느렸지만 꾸준히 달려 나가다 보면 언젠간 결승선에 도착하게 될 것이고 결과는 아무도 모른다.

또한 사람들마다 결승선은 다 다르다. 어떤 사람은 죽을 때까지 부자가 되는 것이 결승선의 기준일 수도 있고, 또 어떤 사람은 타인에게 좋은 영향을 주는 것이 결승선의 기준일 수도 있다. 이처럼 우리는 인생이라는 장기 레이스에서 자신의 결승선을 확실히 정하고 꼭 빨리 스타트를 해야 한다는 생각보단 꾸준하고 묵묵히 자신의 레일을 달려 나간다는 생각을 가져야 한다.

원대한 꿈을 가져라

원대한 꿈이 가진 의미

앞서 말한 것처럼 내 어린 시절의 꿈은 '남을 위해서 사는 사람'이었다. 열여섯 살 즈음, 곰곰이 생각해보니 '굳이 대한태권도협회장 같은 1등이 아니어도 한 지역에서 도장을 운영하며 아이들을 잘 가르치고 그 아이들이 바른 인생을 살아갈 수 있도록 지도하면 그것 또한 남을 위해서 사는 인생이지 않을까?' 하는 생각을 한 적이 있다.

하지만 성공한 사람들은 항상 원대한 꿈을 가지라고 말한다. 큰 꿈, 높은 목표를 가지라고 말한다. 이런 말을 들었을 때 나는 '꿈의 크고 작음은 누가 정하는 것일까?'라는 생각을 가졌다. '돈을 많이 벌면 큰 꿈일까?', '사장이 되면 큰 꿈일까?', '명예를 얻는 것이 큰 꿈일까?' 하는 생각이 들었다. 그렇다면 어떻게 원대함 혹은 큼의 기준을 세울 수 있을까 생각하게 되었고 나는 나만의 꿈의 크고 작음에 대한 기준을 세워보았다.

그렇다면 어떻게 원대함, 혹은 큼의 기준을 어떻게 세울 수 있을까 생각하게 되었고 나는 나만의 꿈의 크고 작음에 대한 기준을 세워보았다. 기본적인 사회 구성의 형태를 보면 나(개인), 가족, 이웃, 지역, 국가, 지구가 있다. 나만의 기준은 여기서 '~을 위한 인생'만 붙이면 된다. 즉, 나만을 위한 꿈이 가장 작은 꿈이다. 다른 것들은 생각하지 않고 오로지 자기 자신만 생각하는 꿈이다. 그다음은 가족만을 위한 꿈, 내 주변 이웃을 위한 꿈, 나아가서 지역과 나라, 지구와 우주를 위한 꿈이 있을 수 있다.

이 기준에 따르면 내가 열여섯 살에 생각했던 한 지역에서 아이들을 올바르게 가르치는 꿈은 현재 나의 꿈보다 작은 꿈이라 할 수 있다. 물론 한 지역에서 한 명 한 명의 아이들에게 좋은 교육을 통해 바른 사람으로 성장할 수 있도록 지도하는 것 또한 훌륭한 꿈이지만 그 크기는 지구의 아이들에게 좋은 영향을 주는 꿈보다는 작다고 할 수 있는 것이다. 틀린 꿈이 아닌, 크고 작음이 다른 꿈인 것이다.

여기서 내가 말하고자 하는 것은 꿈에 대해 생각할 때, 제한적일 수 있는 주변 환경 또는 일반적인 목표가 아닌 좀 더 나아가 이웃 또는 지역, 국가까지 생각의 영역을 넓혀보자는 것이다. 국가를 위한 꿈은 단순히 오로지 국가만을 위한 꿈이라기 보단 그 안에 포함된 지역, 이웃, 가족까지 아우를 수 있는 꿈일 확률이 높다. 내가 행복하면 가족들도 함께 행복해하고, 그 행복으로 주변 이웃이나 지인들에게 좋은 영향을 주고 그 영향이 더 넓게 펼쳐진다면 어떨까?

'나와 내 가족이 가장 소중한데 어떻게 남을 위해서 살 수가 있어?, 여유가 되야 남도 돕지'라는 생각이 들 수 있다. 나 또한 그랬다. 하지만 '나'라는 존재가 있기에 가족이 있고 세상이 있는 것이다. 즉, 남을 위한 삶을 살면 자연스럽게 나와 가족을 위한 삶은 따라오는 것이다. 쉽게 말해 어려운 장애물을 돌파해 성공하려는 이유가 나만을 위한 '부'가 아닌 더 원대한 꿈을 위한 '부'라면 나와 가족을 위한 삶은 자연스럽게 따라올 것이다.

꼭 1등이 성공한 인생은 아니다

"원대한 꿈을 가져라"라는 말을 들을 때 또 하나 드는 생각이 있다. 바로 '그럼 꼭 사업으로 돈을 많이 벌어야 되나? 반드시 1등이나 리더가 되어야만 원대한 꿈인가?' 하는 생각이다. 하지만 그렇지 않다. 무조건 사장이 되고 돈을 많이 벌어야 원대한 꿈인 게 아니다.

세상에는 다양한 사람이 있다. 리더, 조력자, 실무자 등 여러 부류의 사람들이 있다. 그리고 꼭 리더여야만 성공한 인생이거나 원대한 꿈을 이룬 것은 아니다. 조력자도 자신의 능력을 십분 발휘해 리더가 올바른 길을 갈 수 있도록 도움을 주어 원대한 꿈을 이룰 수 있고 실무자 또한 마찬가지다. 하는 역할은 모두가 다르지만 모두가 자신의 역할에서 원대한 꿈을 꿀 수 있다.

한 예로 내가 중국에서 생활할 때 가장 많이 들은 질문이 "런닝맨 알아?"였다. 중국에서는 한국 예능 프로그램인 〈런닝맨〉이 상당히 인기가 있고 이로 인해 중국에 한류열풍을 일으켰다. 이 〈런닝맨〉 프로그램의 메인 MC는 연예인 유재석인데 이 프로그램의 리더라고 할 수 있다. 그렇다면 과연 〈런닝맨〉이라는 프로그램이 한류에 기여한 것이 모두 MC 한 사람 덕분이라고 생각할 수 있을까? 프로그램에 출연한 모두가 제각각 자신의 역할을 훌륭히 해냈기 때문에 〈런닝맨〉이 한류열풍을 이끌어낼 수 있었던 것이다. 그리고 PD, 촬영팀, 세부적인 스태프들이 있었기에 가능한 것이다.

이처럼 꼭 리더가 되는 것이 원대한 꿈을 가진 것이라고 볼 수 없다. 물론 1등을 목표로 도전하는 것은 매우 응원하지만 1등이 되지 못했다고 해서 패배감에 빠질 필요가 없다는 뜻이다.

2인자 혹은 더 낮은 직책이라도 충분히 원대한 꿈을 가지며 살아갈 수 있다. 사람은 개인마다 그릇이 있다고 한다. 그 그릇은 크기가 다 다르다. 어떤 사람은 그릇이 크고, 어떤 사람은 크기가 작다. 하지만 작은 그릇을 가진 사람이 큰 그릇을 가진 사람보다 실패한 인생은 절대 아니라고 생각한다. 그릇의 크고 작음이 성공을 결정짓는 것이 아니라 그릇을 다 채우는 것이 성공한 인생이다. 따라서 자신의 그릇을 가득 채울 수 있는 원대한 꿈을 가져야 한다. 꼭 1등만을 바라지 않고 자신의 그릇을 다 채우기 위해 노력하는 마인드가 바로 많은 사회적인 어려움과 장애물로 인한 스트레스를 이겨낼 수 있는 방법이다.

태권도가 태권도로 바로 설 수 있도록

내가 주변 사람들에게 "원대한 꿈을 가져라"고 조언하면 자주 듣는 질문이 "그럼 너는 꿈이 뭔데?"이다. 나의 원대한 꿈은 바로 '태권도를 통해 꿈과 희망이 없는 사람에게 꿈과 희망을 주고 나아가 태권도를 통해 사람들이 더불어 살 수 있는 세상을 만들고 싶다'이다.

지구상에는 참 어려운 환경에서 태어난 사람들이 많다. 내가 경험한 미국에는 '홈리스', 즉 노숙자들이 수없이 많았고 중국에는 가난하고 교육을 제대로 받지 못한 사람들이 참 많았다. 아프리카에서는 지금 이 순간에도 먹을 것이 없어 죽어가는 사람들이 허다하다고 한다. 이러한 사람들은 꿈과 희망이 아닌 '생존'이 문제인 경우가 대부분이다.

나는 이런 사람들에게 태권도를 가르쳐 사범이 될 수 있도록 지원해주고 나아가 이 사람들이 사범이 되어 다시금 어렵고 힘든 사람에게 꿈과 희망을 주는, 선순환이 되는 태권도를 만들고 싶다.

현재에도 세계태권도평화봉사단이 전 세계로 나가 어려운 사람들을 돕고 있다. 태권도를 가르쳐주고 한국어도 가르치며 재능 봉사를 하고 있다. 미국에서 만난 네팔 출신 사범은 본인이 네팔에서 파산 직전의 상황까지 갔다고 한다. 네팔에서는 정말 가난한 사람이었지만 태권도를 열심히 수련해 현재는 미국에서 태권도 사범으로 아이들을 가르치고 많은 존경을 받으며 살고 있다.

중국에서 또한 태권도의 힘을 확인했다. 중국의 지방이나 시골에는 가난한 사람이 참 많다. 중국에서 만난 한 지방 출신 학생은 직업학교에서 태권도를 배워 사범이 되었고 현재는 한국 돈으로 시급 10만 원을 받으며 국제학교에서 아이들을 가르치고 있다. 이처럼 나는 태권도는 홍익인간의 정신으로 사람을 널리 이롭게 할 수 있는 매개체가 될 수 있다고 믿고 그렇게 만들고 싶다.

나는 태권도에 참 감사한 것이 많다. 내가 '태권도 사범'이라는 이유만으로 외국에서 대우받고 존경받는 사람이 될 수 있었다. 그렇기 때문에 꿈과 희망이 없는 사람들도 나처럼 태권도를 잘 배우고 사범이 된다면 꿈과 희망이 생길 수 있다고 믿고 있다. 이 믿음을 토대로 태권도가 바로 설 수 있게 하고 싶은 것이 내 꿈이다.

태권도협회도 변화가 필요하다

현재 태권도협회를 보면 문제가 참 많다고 생각된다. 태권도는 다른 무술과는 다르게 '도(道)'가 중시되는 무술이다. 내가 중국에서 우슈, 쿵푸를 전공하고 있는데 우슈는 말 그대로 남과 싸워 이기기 위한 무술이다. 하지만 태권도는 우슈와 다르게 그저 싸움을 위한 무술이 아니다. 기본적으로 방어를 위한 무술이고 자신을 수련하고 더 나아가 '홍익인간' 정신을 기본으로 삼는 아주 훌륭한 무술이다.

하지만 현재 협회와 사범들은 '도'의 정신을 기본으로 정책과 교육을 이끌어가지 못하고 있다. 미국과 중국에는 아직도 사범님은 곧 스승이고 존경하는 문화가 있는데 한국의 태권도장을 보면 아이들에게 휘둘리기 마련이다. 또한 미국에서는 실력이 부족하면 심사에서 바로 '탈락'한다. 하지만 한국의 단증 심사를 보면 준비가 부족한 어린아이들에게도 단증을 준다. 다수의 단증 취득이 돈이 되기 때문이다. 여러 명에게 쉽게 단증을 주면 당장 수익금은 많이 생기겠지만 장기적으로는 태권도 자체의 가치를 갉아먹는 행위라고 생각된다. 계속 이렇게 가다간 점점 태권도 단증과 유단자에 대한 희소성과 가치가 사라질 수도 있다. 중국에서 태권도 단증을 자체적으로 발급하겠다고 하고 태권도가 자신들의 무술이라고 우기는 시점에서 앞으로도 국기원이 단증과 태권도의 고유한 가치를 만들어내지 못한다면 상황은 점점 어려워질 것이다.

또한 태권도장이 점점 태권도 학원이 되어가고 있다는 느낌도 많이 든다. 태권도장은 학원과 같이 어떤 지식과 능력을 얻기 위해 다니는 곳이 아닌 스스로를 수련하고 나아가 세상을 이롭게 하는 사람이 되기 위한 준비를 하는, 인재를 양성하는 곳이어야 한다. 하지만 실상 도장을 가면 품새와 겨루기만 가르치고 단증심사 준비하기에 급급한 곳이 대부분이다.

태권도학과에 진학하는 학생들은 오로지 성적을 얻기 위해 품새, 겨루기, 시범 등 자신의 분야만 배우고 있다. 태권도의 진정한 가치가 무엇인지, 사범으로서 어떻게 인성 교육을 해야 하는지 모르는 경우도 많다. 내 주변 태권도 전공자들은 태권도 실력은 좋지만 인성은 부족한 경우도 종종 있다. 이와 같은 상황에서는 협회에서 태권도만의 차별화된 교육 프로그램을 개발하고, 태권도만 가지고 있는 '도' 정신과 인성 교육을 어떻게 차별화시켜야 하는지 연구해서 널리 보급해야 한다고 생각한다. 하지만 현재 실상은 각종 비리가 터져 나오고 있는 상황이고 단증 장사를 하고 있는 실정이다.

나는 태권도가 단순한 스포츠가 아닌 사람을 바꾸고 올바르게 살아갈 수 있도록 도움을 주는 무도라고 생각한다. 태권도를 경기에서 이기는 스포츠로 발전을 시키는 것이 아닌, 스스로를 수련하고 나아가 올바르게 살 수 있는 정신적인 지주로 만들어야 한다. 태권도 또한 다른 무술과 차별화를 만들어내야 한다는 말이다.

내가 태권도 선수라고 하면 대부분이 "그럼 태권도 관장님 하면 되겠네"라는 말을 한다. 하지만 이것은 태권도 정신이 아니라고 생각한다. 나는 태권도를 통해서 도를 배웠고 예절을 배웠으며 해낼 수 있는 능력인 돌파력을 기를 수 있었다. 남을 이롭게 하라는 홍익인간의 정신을 배웠고 이를 바탕으로 나는 원대한 꿈을 꾸고 있다.

태권도를 계속 배우면 태권도 사범이 된다는 고정관념을 깨야 한다. 도장에서 운동만 계속 가르친다면 이미 단증을 딴 수련생들은 도장을 떠날 것이다. 현재는 운동으로만 태권도를 가르치니 중학생이 된 아이들은 도장을 떠나고 있는 상황이다. 태권도는 운동과 스포츠를 넘어선 정신적인 지주로서의 역할을 다해야 살아남을 수 있다고 생각한다. 세상이 변화하는 것처럼 태권도도 혁신을 해야 할 시기다.

예시로 미국의 태권도는 한국과 매우 달랐다. 의사, 변호사,

사업가, 군인, 선생님, 교수 등 여러 직종의 사람들이 다 태권도를 배웠다. 그들은 태권도의 돌려차기를 배우는 것 이상으로 상호간의 존중과 존경 그리고 예(禮)를 배우려고 태권도를 수련한다. 또한 태권도 커뮤니티 안에서 가족과 같은 관계를 만들고 직접 아이들을 가르치며 봉사하고 단체에 기여한다. 이처럼 나는 종주국인 한국에서도 많은 사람들이 기술적인 태권도보다 태권도의 정신을 배우고 진정한 태권도인들을 많이 만들어야 한다고 생각한다. 그것이 내가 경험해본, 다른 무술과 태권도의 차별화라고 생각한다.

이렇게 태권도의 발전과 변화를 이루어내고 싶어 나는 태권도계에서 1등을 목표로 살고 있다. 목표를 향해 달려가는 순간에 많은 어려움과 장애물이 있겠지만 내 원대한 꿈을 생각하며 하나씩 돌파하며 나아갈 것이다. 이것이 바로 내 '해내는 능력'의 진정한 원천이다.

MZ세대만이 가질 수 있는 힘

젊음은 매우 값진 선물이다. 젊다는 이유 하나만으로도 우리는 그 어떤 것이라도 해낼 수 있다고 말하고 싶다. 안 된다는 생각은 그저 생각일 뿐이다. 물론 어렵고 힘들겠지만 우리 대한민국 청년들은 해낼 수 있다고 생각한다. 많은 나라를 다녀봤지만 우리나라 20~30대만큼 똑똑하고 훌륭한 사람은 못 봤다.

우리 청년들이 노력하는 것을 보면 그 어떤 국가의 청년들보다 훨씬 더 대단하다. 아르바이트를 하며 공부하고, 잠을 줄이며 도전하는 사람들이 참 많다. 또한 재능 있는 사람들이 매우 많다. 한류가 전 세계를 강타한 데에는 분명 이유가 있다고 생각한다. 어려움이 많고 장애물이 많은 이 시대에 정확한 목표와 방향성만 가지고 있으면 무엇이든 해낼 수 있다. 여러분은 이미 '돌파할 수 있는 능력'을 가지고 있지만 아직 활용하지 못한 것일 수도 있다. 나 또한 아직 20대이고 앞으로 돌파해야 할 장애물들이 수없이 많겠지만 원대한 꿈과 무엇이든 해낼 수 있다는 마인드만 가지고 있으면 다 이겨낼 수 있다고 생각한다. 이런 마인드야말로 우리 MZ세대들만 가질 수 있는 열정과 패기라고 생각한다.

앞으로의 미래는 우리가 그려나가야 한다. 나 자신의 미래, 우리 대한민국의 미래, 나아가 이 세상의 미래를 우리 MZ세대가 이끌어간다. 힘들고 어렵지만 할 수 있다는 생각을 가지고 우리 각 개인이 원대한 꿈을 가지고 살아간다면 분명 밝은 미래를 만들 수 있을 것이라 생각한다.

지금 당장은 성공한 사람이 아닐지라도 우린 젊음이란 무기를 가지고 있고 시간이라는 자산이 있다. 많은 장애물을 하나씩 돌파해나가 결국엔 성취하고 성공하는 인생을 함께 살아보자고 제안하고 싶다. 우리는 무엇이든 해낼 수 있는 MZ세대다!

북큐레이션 • 원하는 곳에서 자신의 가치를 높이고, 가슴 뛰는 삶을 살고 싶은 이들을 위한 책 《그래서, 해내는 능력》과 함께 읽으면 좋은 책. 진정한 나다움을 발견하고 인생을 멋지게 브랜딩하길 원하는 당신을 응원합니다.

청춘, 쉽게 살면 재미없어

권유진 지음 | 14,500원

이왕 이 우주 속에 태어난 거
'가장 개성 있는 먼지'로 살면 어때?

《청춘, 쉽게 살면 재미없어》는 청년들이 무기력한 일상에서 탈출할 수 있도록 정신을 깨우는 강력한 메시지를 던진다. 자꾸만 떨어지는 자존감, 막막한 진로 고민, 어렵기만한 관계 문제, 무기력과의 싸움, 눈치 보이는 직장과 퇴사의 갈등 등 20~30대라면 누구나 겪어봤을 여러 삶의 문제들을 다루면서, 같은 시대를 살아가고 있는 또래 나이의 저자가 이런 문제들을 어떻게 마주하고 자신의 삶을 업그레이드했는지 이야기한다. 이 책은 대한민국의 청춘들이 더욱 빛나는 인생을 살도록 옆에서 도와주는 든든한 조력자가 될 것이다.

인생이 달라지는 新생존법

이광민 지음 | 14,000원

불확실한 미래, 어떤 준비를 해야할까?
현시대에서 생존하기 위해 꼭 필요한 新생존법

빠르게 변해가는 현재에 맞춰 불확실한 미래 또한 성큼성큼 다가오고 있다. 이러한 시대에서 살아남기 위해 가장 필요한 힘은 무엇일까? 어떤 준비를 해야 나만의 경쟁력을 가질 수 있을까? 여기 지방대 출신임에도 100대 1의 경쟁력을 뚫고 청와대 비서실에 합격하고, 전국 마케팅 배틀 3위를 달성하고, 남들이 선망하는 대기업까지 취업한 한 사람이 있다. 《인생이 달라지는 新생존법》에는 단순히 많은 자기계발서에서 다뤄온 긍정하기, 목표 정하기, 실천하기 등의 내용이 아닌 저자 본인이 직접 계획하고 도전해서 성과를 낸 경험을 바탕으로 이 시대에서 살아남는 현실적인 방안이 세세하게 담겨 있다.